OETINGER TASCHEN BUCH

Heike Abidi

Was Jungs mit 15 wollen und warum ich das weiß

Originalausgabe

Oetinger Taschenbuch

Außerdem bei Oetinger Taschenbuch erschienen:

Tatsächlich 13 (Band 1)
Plötzlich 14 (Band 2)
Endlich 15 (Band 3)
Alles, was Mädchen wissen sollten,
bevor sie 13 werden
14 – Kicker, Küsse, Katastrophen
Sunny Days

1. Auflage 2018
© Oetinger Taschenbuch in der Verlag Friedrich Oetinger GmbH,
Poppenbütteler Chaussee 53, 22397 Hamburg
Dezember 2018
Alle Rechte vorbehalten
Umschlaggestaltung: Kathrin Steigerwald
Druck: Livonia Print SIA, Ventspils iela 50,
LV-1002, Riga, Lettland

ISBN 978-3-8415-0577-4

www.oetinger-taschenbuch.de

Inhalt

Kapitel 1: Eine SMS, eine App und eine neue
Adresse   SEITE 7

Kapitel 2: Das Leben ist kein Hollywood-Schinken   SEITE 17

Kapitel 3: Lauter neue Gesichter … und ein
bekanntes   SEITE 27

Kapitel 4: Eine optische Täuschung – vielleicht   SEITE 37

Kapitel 5: Das Beste gegen Fieber ist: ein Projekt!   SEITE 47

Kapitel 6: Vom Großeinkauf zum Großeinsatz   SEITE 57

Kapitel 7: Was heißt hier Trampel?   SEITE 67

Kapitel 8: Das darf doch nicht wahr sein …   SEITE 77

Kapitel 9: Auch das noch!   SEITE 88

Kapitel 10: Manchmal muss man eben
nachhelfen …   SEITE 99

Kapitel 11: Gar nichts denken geht nicht. Leider!   SEITE 109

Kapitel 12: Flirtalarm   SEITE 121

Kapitel 13: Zeugin der Anklage   SEITE 132

Kapitel 14: Auch das noch!   SEITE 142

Kapitel 15: Namenstag – und eine unangenehme
Wahrheit   SEITE 151

Kapitel 16: Das war's dann wohl   SEITE 161

Kapitel 17: Wir müssen doch zusammenhalten!   SEITE 171

Kapitel 18: Diese verflixten Gefühle   SEITE 181

Kapitel 19: Seni seviyorum   SEITE 192

Kapitel 20: Die totale Verwirrung!   SEITE 203

Kapitel 21: Denk nicht mal dran!   SEITE 213

01

Eine SMS, eine App und eine neue Adresse

Mürrisch starre ich aus dem Zugfenster. Es sieht aus, als würden Bäume, Getreidefelder, Hügel und Dörfer im Affentempo an uns vorbeirasen. Dabei ist es genau umgekehrt. Wir rasen, und alles andere steht still. Eine optische Täuschung, auf die ich immer wieder reinfalle. Kein Wunder, dass die Menschen früher dachten, die Sonne würde sich um die Erde drehen. Die glaubten einfach, was sie sahen. Man geht eben immer davon aus, selbst der Mittelpunkt des Universums zu sein.

Im Moment ist mein Universum dieser ICE, und ich wünschte, ich könnte mich darauf freuen, bald anzukommen. Doch ehrlich gesagt wäre ich viel lieber geblieben, wo ich herkomme. Im Internat Falkenburg, der weltbesten Schule, in der ich rundum happy war. Bis heute.

Na ja, eigentlich nur bis vor ungefähr drei Wochen, als meine Mutter mir eröffnet hat, dass sie vorhat, unser Leben völlig auf den Kopf zu stellen.

»Du wirst sehen, das wird *toll*, Justine!«, hat sie geschwärmt.

Toll ist ihr Lieblingswort und lässt in meinem Hinterkopf

sämtliche Alarmglocken schrillen. Denn sie benutzt es zielsicher für Dinge, die sich hinterher als absolut schrecklich entpuppen. So wie diese Last-minute-Reise, die uns in eine Baustellenhölle geführt hat (aber ein *tolles* Schnäppchen war). Oder dieser trostlose Kinoabend, bei dem ich vor Langeweile fast eingeschlafen wäre (ein *toller* französischer Experimentalfilm). Einmal habe ich es sogar gegoogelt und festgestellt, dass *toll* ursprünglich so etwas wie *unsinnig, schlimm, verwirrt* bedeutet hat. Na, wenn das nicht passt!

Nun ja. Mein neues Leben wird also toll werden.

Kann ich bitte mein altes zurückhaben?

Zuerst war das Internat zwar nur eine Notlösung für uns gewesen, weil meine Mutter beruflich so viel reisen musste, aber nachdem mein anfängliches Heimweh verschwunden war, habe ich mich in die Falkenburg verliebt! Seitdem genießen Mama und ich die gemeinsamen Ferien und Wochenenden umso intensiver und verstehen uns so gut wie Schwestern. Ob das in Zukunft auch so sein wird, wenn wir uns wieder täglich sehen?

Wir durchqueren jetzt einen Wald, und kurz bevor mir endgültig schwindelig wird, fährt der Zug in einen Tunnel ein. Statt der verschwommenen Tannen sehe ich im Fenster nun ein Mädchen in Jeansjacke und T-Shirt, das trotz des milden Frühlingswetters eine Beanie-Mütze trägt. Darunter kommt eine braune Mähne zum Vorschein, die weder richtig lockig noch schön glatt ist, sondern irgendwie wild und ungezähmt.

Ich betrachte mein Spiegelbild, als sähe ich es zum ersten Mal. Was ziemlich schwierig ist, schließlich kenne ich mich schon seit über fünfzehn Jahren. Da stelle ich mir lieber vor, ich wäre jemand aus meiner neuen Klasse, in die ich ab Montag gehe. Werden meine neuen Mitschüler mich mögen? Oder arrogant finden? Cool? Langweilig? Witzig? Doof?

Ich versuche, mir einzureden, es wäre mir egal.

Doch das stimmt leider nicht ganz.

Na ja, ehrlich gesagt bin ich sogar ein kleines bisschen aufgeregt. Aber nur, weil ich neue Dinge generell spannend finde. Sogar, wenn ich mich null darauf freue. Und sie vorübergehender Natur sind.

»Ein Jahr geht schnell vorbei, Justine«, hat meine Mutter gesagt. Ich fürchte, da irrt sie sich. Ein Jahr ist eine halbe Ewigkeit!

Wir kommen wieder ins Tageslicht, und mein Spiegelbild weicht dem Blick auf die ersten Vororte. Jetzt sind es höchstens noch zwanzig Minuten bis zum Bahnhof. Mama wird garantiert am Bahnsteig stehen und mich überschwänglich begrüßen. Sie schafft es immer irgendwie, überall im Mittelpunkt zu stehen. Nicht, weil sie das will, sondern weil es einfach passiert. Sie ist eben ein bisschen … anders. Etwas lauter, bunter, fröhlicher, rundlicher und verrückter als andere Mütter. Und meistens finde ich das ja auch gut. Aber wenn sie mich vor allen Leuten knuddelt, bis ich kaum noch Luft kriege, und dabei vor Freude gleichzeitig lacht und weint, wünsche ich mir immer, sie wäre normaler.

»Deine Mum ist die Allercoolste«, hat Tabea, die Kapitänin unseres Hockeyteams, einmal nach einem Besuchstag kommentiert. Da war ich irre stolz auf meine Mutter. Und darauf, dass die Kapitänin des Hockeyteams mich mit diesem Lob sozusagen geadelt hat. Das war noch, bevor ich Stammspielerin wurde und sie meine Zimmergenossin.

Künftig werden andere meinen Platz im Team einnehmen und sich mit Tabea anfreunden, während sie mir vielleicht anfangs noch schreibt, mich dann aber nach und nach vergisst. Ich schlucke. Wäre ja noch schöner, wenn ich hier vor allen Leuten in Tränen ausbrechen würde.

Reiß dich zusammen, Justine Kroeger!

Es reicht schon, wenn sich um mich herum alles verändert – da muss ich es nicht selbst auch noch tun. Und was ich definitiv nicht bin, ist eine Heulsuse. Im Gegenteil: Alle sagen, ich sei sehr vernünftig für mein Alter. *Zu* vernünftig, findet meine Mutter, was daran liegt, dass sie selbst nicht sonderlich viel von Vernunft hält. Würde sie sonst einen super bezahlten Topmanagerinnenjob bei einem internationalen Konzern kündigen, um sich selbstständig zu machen? Wohl kaum.

Immerhin hat sie Ahnung von Businessplänen, Bilanzen und so, sodass die Hoffnung besteht, aus ihrer Wahnsinnsidee könnte eines Tages sogar ein geschäftlicher Erfolg werden. Laut ihren Berechnungen wird sie in spätestens neun Monaten langsam in die Gewinnzone kommen, und bis dahin leben wir von ihren Ersparnissen.

Nur leider funktioniert diese Kalkulation nur, wenn man das teure Schulgeld abzieht.

»Mein Traum lässt sich realisieren, wenn du mitspielst«, hat Mama mir bei ihrem letzten Besuch eröffnet. »Wärst du bereit, für ein Jahr auf eine normale staatliche Schule zu gehen? Sobald der Laden brummt, kannst du natürlich zurück ins Internat Falkenburg. Na, was sagst du, Justine-Schatz?«

Puh, gute Frage.

Was konnte ich dazu schon sagen?

Was ich dachte, war: Auf keinen Fall! Schau dir die Falkenburg doch an: Kann es irgendwo schöner sein? Allein schon der Park, der See, die Tennisplätze, das Hallenbad …
Ich gehöre hierher. In diese Schule, ins Hockeyteam, ins Schulorchester. Nicht zu vergessen der Debattierclub – der, wie du weißt, die perfekte Übung für meine geplante Karriere als Juristin ist. Das alles kannst du mir nicht einfach wegnehmen!

Aber was ich sagte, war: »Deal. Ein Jahr geht klar. Das werde ich schon irgendwie aushalten.«

Ich schaffte es sogar, dabei zu lächeln. Vermutlich war es das grimassenhafteste Gruselgrinsen, das je gelächelt worden ist. Aber es machte meine Mutter überglücklich. Und sie hat es verdient. Schließlich hat sie die letzten fünfzehn Jahre in einem Job geschuftet, den sie hasst, nur um unser Leben zu finanzieren. Jetzt ist sie mal dran.

Verdammt, warum muss ich immer so verständnisvoll sein? Anstatt auch mal einen gepflegten Wutanfall zu kriegen, so wie andere egoistische Teenager.

Tja, jammern hilft nichts. Ich bin nun mal so. Wenn ich meine drei wichtigsten Eigenschaften nennen sollte, würde ich sagen: Ich bin zielstrebig, bewahre immer einen kühlen Kopf und halte mich an Fakten, nicht an Illusionen.

Davon, dass plötzlich ein liebevoller Vater in mein Leben tritt, träume ich zum Beispiel schon lange nicht mehr. Der hat sich nämlich noch vor meiner Geburt aus dem Staub gemacht und wird garantiert nicht wieder auftauchen.

Ist auch nicht nötig. Mama und ich sind nämlich ein super Team. Und ich bin eine gute Teamplayerin. Wir kriegen das schon hin, irgendwie.

Aus dem Lautsprecher ertönt scheppernd die Ansage, dass wir mein Ziel in wenigen Minuten erreichen. Die Stadt, in der ich das nächste Schuljahr verbringen werde. Vermutlich ohne Hockeyteam und Debattierclub. Trotzdem werde ich mich nicht von meinen Zielen abhalten lassen. Eines Tages werde ich Staatsanwältin sein. Trotz Mamas Selbstverwirklichungstrip. Ich werde eben das Beste daraus machen. Aber keiner kann mich dazu zwingen, begeistert zu sein!

So langsam wird es Zeit, meine Siebensachen zusammenzusuchen. Na ja, eigentlich sind es nur fünf Gepäckstücke: mein Koffer, der riesige Rucksack, die Querflötenbox, der Beutel mit dem Hockeyzeug und meine Laptoptasche. Das alles schleppe ich in Richtung Ausstieg und versuche, weder darüber zu stolpern noch irgendetwas davon zu verlieren, während der Zug bei der Einfahrt in den Bahnhof bremst. Eine echte Herausforderung für meinen Gleichgewichtssinn – ich sollte damit im Zirkus auftreten.

Dann stehen wir, und ich atme auf. Geschafft. Zum Glück wartet Mama ja am Bahnsteig auf mich. Zu zweit wird es ein Kinderspiel sein, die vielen Gepäckstücke zum Auto zu schleppen.

Beim Aussteigen hilft mir ein netter Herr, der offensichtlich Mitleid mit mir hat. Ich danke ihm höflich, obwohl ich es hasse, bemitleidenswert zu wirken.

Dann stehe ich auf dem Bahnsteig. Überall um mich herum spielen sich herzergreifende Begrüßungs- und Verabschiedungsszenen ab. Es herrscht ein Kommen und Gehen, nur ich stehe irgendwie blöd herum.

Wo bleibt denn die coolste aller Mütter?

Undenkbar, dass ich sie übersehe. Man übersieht sie nicht. Da muss irgendwas passiert sein.

Ich krame mein Handy hervor und checke WhatsApp. Nichts. Dann fällt mir ein, dass meine Mutter WhatsApp boykottiert – wegen irgendwelcher seltsamen Datenschutzbedenken. Sie schreibt lieber SMS, wie in der Steinzeit.

Tatsächlich, ich habe eine Nachricht von ihr.

> **Liebste Justine,**
> so ein Mist: Das Auto springt nicht an! Ausgerechnet … Ich wollte dich doch unbedingt abholen, aber daraus wird nun leider nichts. Zum Trost gibt es später dein Lieblingsessen. Nimm einfach den Bus – Linie elf, bis Endhaltestelle. Nicht zu verfehlen! Melde dich, wenn du aussteigst, dann hole ich dich ab und helfe dir mit dem Gepäck.
> **Kuss, Ma**

Na, großartig! Das fängt ja gut an. Zwar bleibt mir die peinliche Begrüßungszeremonie am Bahnsteig erspart, aber dafür muss ich mein Gepäck nun allein zur Bushaltestelle schleppen. Puh!

Ich habe ungefähr drei Arme zu wenig. Und nur halb so viele Muskeln, wie nötig wären, um das ganze Zeug zu tragen. Ständig muss ich stehen bleiben, damit ich mich ein bisschen ausruhen und umgreifen kann. Gab es nicht früher mal Gepäckträger am Bahnhof? In den uralten Filmen, die Mama so gerne schaut, ist das jedenfalls so. Da stehen verzagten jungen Frauen sofort eifrige Helfer zur Seite. Aber das wirkliche Leben ist nun mal kein altmodischer Kitschfilm. Niemand hilft mir. Man beachtet mich nicht einmal. Es ist, als ob ich unsichtbar wäre.

Habe ich eben behauptet, dass ich es hasse, bemitleidenswert zu wirken? Ich muss mich korrigieren: *Ich hasse es, bemitleidenswert zu sein, und keiner merkt es.*

Nach fünf Stunden (oder, wie meine Uhr behauptet, zehn Minuten, aber das kann unmöglich stimmen) erreiche ich die Bushaltestelle. Linie elf. Perfekt. Ich habe es geschafft. Jedenfalls so gut wie. Erst muss ich noch meinen Krempel in den Bus wuchten.

»Warte, ich helfe dir«, sagt jemand.

Kein Gentleman – sondern ein Mädchen in meinem Alter. Sie sieht ziemlich freaky aus, mit irren Klamotten und einer total verrückten Frisur. Hat sie etwa aus bunten Dreadlocks ein Vogelnest auf ihrem Kopf gebaut? Egal, Hauptsache, sie ist nett und reicht mir meine Gepäckstücke.

»Du hast ja ganz schön viel Kram dabei, Wahnsinn, wie hast du es allein bis hierher geschafft? Ich bin ja schon mit einem Rucksack überlastet, schon dreimal habe ich ihn im Bus liegen lassen. Inzwischen ruft das Busunternehmen schon bei uns zu Hause an, wenn sie einen finden. Gehört meistens mir. Ich bin übrigens Giulia.«

Puh, die plappert ja, ohne Luft zu holen! Ich bin viel zu schlapp, um ausführlich zu antworten, und beschränke meine Reaktion auf die Minimalinformation: »Justine. Danke dir!«

Weil ich mit meinem Kram auch den Nebensitz belagere, setzt sie sich in die Reihe vor mir. Besser gesagt: Sie kniet sich auf den Sitz und stützt sich dabei auf die Rückenlehne.

»Wo musst du denn aussteigen?«, fragt Giulia. »Ich fahre nämlich bis zur Endhaltestelle, also kann ich dir auf jeden Fall helfen.«

»Ich auch«, erwidere ich. Dann fällt mir ein, dass ich gar nicht genau weiß, wie man von dort aus zu unserem Haus gelangt. Was, wenn Mama wieder etwas dazwischenkommt? Dann stehe ich dumm da. Schon schräg, dass ich nicht einmal meinen Heimweg kenne. Aber immerhin habe ich die Adresse. Und eine App mit dem Stadtplan.

Während ich mir vorzustellen versuche, wie das Haus wohl aussieht, das Mama für uns gekauft hat (sie findet es natürlich *toll* – also sollte ich mit dem Schlimmsten rechnen), plaudert Giulia munter weiter. Über das Busfahren, ihre Lieblingsband, einen Jungen, für den sie schwärmt, und die Schuhe, die sie sich heute gekauft hat. Ich höre nur mit halbem Ohr zu und nicke hin und wieder. Nicht, weil ich Giulia nicht mag, im Gegenteil – sie macht einen supernetten Eindruck. Aber im Moment geht mir einfach so viel anderes durch den Kopf.

Dann hält der Bus, und Giulia hilft mir beim Aussteigen mit den Sachen.

»Ich muss da lang«, sagt sie und deutet nach rechts.

»Und ich wohne dort drüben, Hausnummer 42«, antworte ich und zeige nach links. Jedenfalls muss ich laut App in diese Richtung gehen, doch das erzähle ich Giulia nicht. Zu kompliziert.

»Das ist zwar nicht weit, aber mit dem ganzen Zeug wird

das eine Quälerei«, findet sie. »Weißt du was? Ich komm einfach mit und nehm ein paar von deinen Sachen.«

Wow, wie cool von ihr! Dann kann ich mir die SMS an meine Mutter sparen. Dankbar überreiche ich Giulia die sperrige Querflötenbox und den Rucksack.

»Ich hab dich hier noch nie gesehen«, nimmt sie das Gespräch wieder auf.

»Wir wohnen auch erst seit Neuestem hier.«

Gerade will ich sie fragen, ob sie auch in die Marie-Curie-Gesamtschule geht, da bleibt sie plötzlich stehen und starrt auf ein windschiefes, violett gestrichenes Häuschen.

Mein Blick fällt auf die Hausnummer. 42. Wie bitte? *Das soll mein neues Zuhause sein?*

An der Tür hängt ein Schild. LOLAS LIEBESSCHULE.

Na, toll! Schlimmer geht's nicht.

Ich wünschte, ich wäre ganz weit weg. Im Internat. Oder meinetwegen auch auf dem Mars!

Giulia kommentiert zum Glück weder das Haus noch das Schild.

»Man sieht sich«, sagt sie einfach nur. Und ich nicke.

Dann atme ich tief durch und klingele.

02

Das Leben ist kein Hollywood-Schinken

»Justine, Liebes, da bist du ja endlich! Lass dich mal drücken! Aber warum hast du denn nicht angerufen? Ich hätte dir doch beim Tragen geholfen! Komm rein, schau dich um, ist es nicht sagenhaft toll hier? Ich bin natürlich noch lange nicht fertig mit dem Renovieren, aber der Kursraum ist bereit für die ersten Teilnehmerinnen. Schau, hier rechts ist der Eingang. Das Gepäck bringen wir später rauf in dein Zimmer, leg es erst mal hier im Flur ab. Und lass dich anschauen! Kann es sein, dass du seit unserem letzten Treffen schon wieder gewachsen bist? Oder ich bin geschrumpft von der ungewohnten körperlichen Arbeit … Magst du einen Kakao?«

Ich will schon ablehnen, da wird mir klar, dass ein schöner, heißer Kakao jetzt genau das Richtige wäre. »Gern. Mit viel Sahne!«, sage ich und lasse mich erschöpft aufs Küchensofa sinken – das war schon immer mein Lieblingsplatz, auch in unserer alten Wohnung.

»Eine Küche ohne Sofa ist wie ein Kino ohne Popcorn«, pflegt Mama zu sagen. Dabei ignoriert sie die Tatsache, dass unser Küchensofa vermutlich älter ist als jedes Kino, denn es stammt noch von ihrer Urgroßmutter Justine, der ich nicht nur meinen Namen, sondern auch diese wunderbare Chill-Ecke zu verdanken habe. Früher stand wohl in allen Küchen ein Sofa, aber heutzutage gibt es stattdessen nur noch unbequeme Barhocker. Das erwähnt meine Mutter immer, um zu betonen, dass nicht jeder neumodische Schnickschnack eine Verbesserung darstellt. Was die Sache mit WhatsApp betrifft, finde ich ihre Einstellung hoffnungslos altmodisch, aber das Küchensofa würde ich echt nicht missen wollen.

Ich mache es mir bequem und genieße den Kakao. Lecker! Da ist die anstrengende Schlepperei schon fast vergessen.

Nicht jedoch die Tatsache, dass die *tolle Immobilie*, von der Mama so begeistert erzählt hat, in Wahrheit eine alte Bruchbude ist und ihr neues Business eine *Liebesschule*. Grundgütiger! Wie kommt sie bloß auf so eine absurde Idee? Das also hat sie die ganze Zeit gemeint, wenn sie von *Erwachsenenbildung* gesprochen hat!

Mama lässt sich neben mich aufs Sofa plumpsen und verursacht damit beinahe eine kleine Kakao-Katastrophe. Zum Glück habe ich schon so viel abgetrunken, dass nichts überschwappt.

»Na, wie gefällt dir unser schnuckeliges neues Heim?«, fragt sie freudestrahlend. Dass ich es hier extrem gewöhnungsbedürftig finde, sieht sie mir offenbar nicht an. Liegt bestimmt an meinem Pokerface, das mir als Juristin eines Tages noch sehr nützlich sein wird.

»Sehr ... bunt«, kommentiere ich möglichst diplomatisch. Denn das entspricht auf jeden Fall den Tatsachen. Zwar habe ich bisher nur den Eingangsbereich, den Flur und die Küche gesehen, aber schon jetzt fast alle Farben des Regenbogens entdeckt.

»Toll, oder? Ich finde, eine Küche braucht ein frisches Maigrün. Und die Diele wirkt durch das warme Schokobraun wunderbar einladend, während der schmale Gang durch das helle Blau optisch größer wird. In meinem Kursraum dominieren übrigens *Fifty Shades of Red*. Willst du mal sehen?«

Ich bin nicht besonders scharf darauf, mehr über ihre Liebesschule zu erfahren. Erst einmal muss ich verdauen, dass es so etwas überhaupt gibt. Und das auch noch in unserem Haus! Kaum zu fassen, dass sie dafür ihren Spitzenjob gekündigt hat.

»Was rede ich da«, erspart Mama mir die Antwort, »bestimmt willst du erst einmal die restlichen Zimmer sehen. Komm mit!«

Stolz wie Beyoncé bei den MTV Video Music Awards schreitet sie voran und öffnet mit viel Tamtam – es fehlt nur noch ein Trommelwirbel – die nächste Tür. Sie führt zum Wohnzimmer, das wirklich ganz hübsch sein könnte mit seiner gemütlichen Sitzecke, dem großen Flachbildfernseher und sogar einem Kamin, wenn die Wände nicht brombeerlila gestrichen wären.

Für meinen Geschmack ist das viel zu heftig. Zum Glück werden wir uns hier hauptsächlich abends aufhalten, wenn es halbwegs dunkel ist und die Farbe hoffentlich nicht mehr so auffällt.

Das Badezimmer ist in einem kräftigen Türkis gestrichen, die Gästetoilette knallgelb und Mamas Schlafzimmer puderrosa. Ich stöhne leise auf. Da kriegt man ja Albträume!

Als sie die steile Holztreppe hinaufsteigt, wird mir angst und bange, denn der einzige Raum, der jetzt noch fehlt, ist mein Zimmer. Mir graut davor, zu sehen, wie sie ihn gestaltet (um nicht zu sagen: verunstaltet) hat.

Daher bin ich erleichtert, dass mich ein ziemlich trister, fast leerer Raum erwartet. Auf dem Boden liegt nur eine Matratze, in der Ecke steht eine alte Kleiderstange auf Rollen, wie man sie in Kaufhäusern findet, und vor dem Fenster ist mein alter Kinderschreibtisch mit dazugehörigem Stuhl. Das Einzige, was mir kein bisschen gefällt, ist die Blümchentapete. Aber die lässt sich ja überstreichen.

»Cool«, sage ich und meine es ehrlich.

Mama hält das für einen Witz und lacht sich halb schief. Man könnte fast denken, *sie* wäre erst fünfzehn, nicht ich. Manchmal ist sie unfassbar albern. Aber sie behauptet, das sei wahnsinnig gesund, mindestens so gesund wie Sport und Vitamine zusammen. Und weil mir meine kichernde Mutter hundertmal lieber ist als eine sportbesessene, kalorienzählende, verkniffene, smoothieverrückte Mutter, warte ich einfach, bis sie sich beruhigt hat. Und das lohnt sich, denn sie verkündet mir anschließend, dass sie mein Zimmer bewusst so gelassen hat, wie es war. »So karg und eintönig muss es natürlich nicht bleiben. Du hast freie Hand, dich hier einzurichten und es dir gemütlich zu machen. Ich werde dir überhaupt nicht reinreden, weder bei der Möbelsuche noch bei der Farbauswahl und den Accessoires. Es sei denn, du willst meinen Rat.«

Na, das ist ja mal ein Lichtblick! Wie gut, dass meine alten Kinderzimmermöbel den Umzug nicht überstanden haben, die waren mir schon lange zu prinzessinnenhaft. Nicht mehr mein Stil. Und eigentlich auch nie gewesen. Damals, als sie angeschafft wurden, war ich noch zu klein, um Einspruch zu erheben.

»Ich sag doch: cool«, wiederhole ich grinsend.

Und das bleibt nicht einmal der einzige Lichtblick: Direkt nebenan befindet sich nämlich noch ein eigenes Bad für mich. Frisch renoviert sogar und ganz in Weiß. Ein Traum! Ansonsten gibt es hier oben bloß noch einen Hauswirtschaftsraum und einen Speicher, auf dem massenhaft Kartons herumstehen.

Wir gehen wieder runter ins Erdgeschoss.

»Jetzt habe ich wohl alles gesehen«, vermute ich.

»Nicht ganz«, erwidert Mama und macht ein geheimnisvolles Gesicht. »Das Highlight habe ich mir bis ganz zum Schluss aufgehoben. Unser verwunschenes, kleines Gärtchen!« Ihr schwärmerischer Ton lässt mich Übles ahnen.

Aber als ich ihr nach draußen folge, bin ich hin und weg. Dieser Garten ist ein mittelgroßes Wunder, denn zum ersten Mal im Leben deckt sich unser Geschmack. Bisher fand ich das, was meiner Mutter gefällt, meistens zu schrill, und sie das, was ich mag, zu langweilig.

»Ist es nicht ein Traum?« Meine Mutter sieht ganz stolz aus.

»Es ist fantastisch«, staune ich und schaue mich um. Dichte Rosenbüsche umrahmen das Grundstück und sorgen dafür, dass es von außen nicht einsehbar ist. Es gibt einen Birnbaum, der in voller Blüte steht und um dessen Stamm eine Lichterkette geschlungen ist, außerdem einen mit Efeu bewachse-

nen Schuppen, unter dessen Dachüberstand das Brennholz
für den Winter lagert, und eine gepflasterte Terrasse, die Platz
für zwei Liegestühle, ein Tischchen und einen Sonnenschirm
bietet.

»Unser geheimes Paradies«, ruft Mama aus, und diesmal
bin ich diejenige, die lachen muss, weil sie mal wieder so
übertrieben enthusiastisch ist. Aber eigentlich hat sie recht:
Es ist einfach herrlich hier!

»Na, wie gefällt dir unser neues Zuhause?«, fragt meine
Mutter und macht damit meine gute Laune zunichte. Aber
das will ich mir nicht anmerken lassen. Und na ja, vielleicht –
wenn ich mir ganz viel Mühe gebe – könnte ich mit der Zeit
lernen, mich hier wohlzufühlen. Meiner Mutter zuliebe. Und
weil mir eh nichts anderes übrig bleibt.

»Äääähm«, beginne ich, da klingelt es zum Glück an der
Haustür.

»Das ist bestimmt der Lieferservice«, ruft Mama fröhlich
und eilt davon.

Ich pflanze mich auf einen der Liegestühle, obwohl es dafür inzwischen schon ein bisschen zu kühl geworden ist, und
schließe die Augen.

Andere Mütter würden ihre Töchter mit etwas Selbstge-
kochtem begrüßen, nicht mit Fast Food vom Lieferservice.
Und dafür sorgen, dass das Auto funktioniert, um sie am
Bahnhof abholen zu können. Und vor allem gar nicht erst
auf die bekloppte Idee kommen, eine Liebesschule zu eröffnen und ihre Tochter zwingen, deswegen ihr geliebtes Internat zu verlassen.

Die meisten meiner ehemaligen Mitschüler wären allerdings auch froh, zu Hause bei ihren Eltern leben zu dürfen. In der Falkenburg sind Tränen und Heimweh an der Tagesordnung gewesen, und so einige meiner Mitschüler hätten bestimmt liebend gern mit mir getauscht.

Schon verrückt. Vielleicht ist nicht nur Mama anders als andere Mütter, sondern ich bin auch anders als andere Töchter? Was ja bedeuten würde, dass wir letztendlich doch ziemlich gut zusammenpassen, auch wenn sie mich ein bisschen zu erwachsen findet und ich sie ein bisschen zu kindisch.

Ich muss an die gepfefferte Rede denken, die ich vorhin während der Bahnfahrt in Gedanken zum Thema »Ungerechtigkeit in der Erziehung« formuliert habe. Damit hätte ich im Debattierclub garantiert jede Menge Applaus geerntet.

Seltsamerweise ist mir überhaupt nicht mehr nach gepfefferten Reden zumute. Meine Wut ist verflogen. Das muss an diesem Garten liegen. Er hat mich wirklich verzaubert. Außerdem bin ich klug genug, zu wissen, dass an der Situation nun mal nichts zu ändern ist. Wenn man keine Chancen auf ein günstiges Urteil hat, zieht man auch nicht vor Gericht. Das ist pure Energieverschwendung.

Apropos Energie: Mein Magen knurrt laut und vernehmlich. Erst jetzt fällt mir auf, was für einen Bärenhunger ich habe.

»Justine, wir können essen«, ruft Mama genau im richtigen Moment.

Ich springe sofort hoch und mache mich auf den Weg in die Küche. Beim ersten Versuch lande ich allerdings im Bad und beim zweiten im Wohnzimmer. Irgendwie habe ich den Grundriss des Hauses noch nicht ganz verinnerlicht.

»Wo steckst du denn? Hast du keinen Hunger?«, fragt Mama, als ich endlich die richtige Tür öffne.

»Doch, und wie!«, sage ich. »Boah, gibt es etwa Sushi?«

Mama lächelt. »Hab ich dir dein Lieblingsessen versprochen, oder hab ich dir dein Lieblingsessen versprochen?«

Stimmt. Hat sie.

»Lass uns anstoßen und unseren Neuanfang feiern!«, jubelt sie, während sie eine Flasche Prosecco köpft.

Ich finde zwar nicht, dass es etwas zu feiern gibt, aber ich freue mich auf die Sushis und will ihr vor allem die Laune nicht verderben. Deshalb proste ich ihr mit meinem Glas Wasser zu.

»Weißt du was? Wir essen im Wohnzimmer«, schlägt Mama vor. »Lass uns einen richtigen Mädelsabend machen – mit leckerem Essen und einem schönen Film.«

Da bin ich sofort dabei!

Schon cool, dass Mama das vorschlägt, was andere Eltern strengstens verbieten.

Weniger cool ist, dass sie unbedingt so einen schmalzigen Film sehen will, nur weil der gerade im Fernsehen läuft. Wie retro. Wer lässt sich heute, im Streaming-Zeitalter, noch vom Fernsehprogramm vorschreiben, was man anschaut? Sogar DVDs sind voll historisch. Und dann ist das auch noch so ein Millenniums-Movie! Also weder modern noch ein richtiger Klassiker. Seltsamerweise behauptet meine Mutter, es sei noch gar nicht lange her, dass sie ihn im Kino gesehen hat. Dabei war ich, als der Film gedreht wurde, noch nicht mal geboren. Ich fürchte, bei Erwachsenen tickt die innere Uhr nicht ganz richtig.

»Okay, ich bin dabei«, gebe ich nach, »wenn ich nächsten Samstag das Programm bestimmen darf.«

»Gute Idee«, findet Mama, die noch nicht ahnt, dass ihr ein Binge-Watching-Wochenende bevorsteht. Anwaltsserien machen mich süchtig, und *Suits* ganz besonders.

Der Film, den meine Mutter für heute ausgesucht hat, heißt *Was Frauen wollen* und ist leider nicht halb so spannend, wie sie angekündigt hat, sondern ziemlich dämlich. Es geht um einen Werbefuzzi, der meiner Meinung nach weder besonders gut aussieht (Mama dagegen findet ihn *toll*) noch sympathisch ist, im Gegenteil: Er hält sich selbst für den Allergrößten und kann es nicht ertragen, dass seine Kollegin befördert wird. So ein Macho! Und ein ungeschickter dazu. Er lässt doch tatsächlich einen Föhn ins Badewasser fallen und bekommt einen Stromschlag. Wie kann man sich nur so dämlich anstellen! Boah – und das soll eine romantische Komödie sein?

»Warte, gleich wird's richtig witzig«, behauptet Mama.

Aber es wird nur total albern und unrealistisch, denn der Werbefuzzi-Macho kann auf einmal die Gedanken sämtlicher weiblicher Wesen hören und wird daraufhin im wahrsten Sinne des Wortes zum Frauenversteher. Kitschalarm! Wer denkt sich bloß so einen Mist aus? Natürlich klaut er seiner Konkurrentin erst die guten Ideen, um sich dann in sie zu verknallen. *Und wenn sie nicht gestorben sind …*

Gähn!

Zum Glück sind wenigstens die Sushis lecker.

»Hach, den könnt ich mir immer wieder ansehen«, seufzt Mama zufrieden, während der Abspann läuft. Moment –

wischt sie sich da etwa eine Träne aus dem Augenwinkel? Ich tue lieber mal so, als ob ich es nicht gesehen hätte.

»Also, mir reicht vorerst dieses eine Mal«, erkläre ich.

»Vielleicht bist du noch ein bisschen zu jung, um den tieferen Sinn der Story zu verstehen.« Sie tut fast so, als wäre dieser Hollywood-Schinken reinstes Bildungsfernsehen: »Wenn alle Männer wüssten, wie Frauen ticken, wäre das Leben einfach traumhaft.«

Wie soll das funktionieren, wenn ich nicht einmal begreife, wie meine eigene Mutter tickt?

»*Was Frauen wollen* ist aus guten Gründen mein Lieblingsfilm«, fährt sie fort, »und ich habe mich davon sogar zu meinem Künstlernamen inspirieren lassen.«

Ich stutze: Seit wann hat meine Mutter denn einen Künstlernamen? Als ob sie das nötig hätte bei ihrem klangvollen Vornamen. Ich kenne sonst keine Frau, die Dolores heißt. Dann fällt mir die Aufschrift auf dem Schild an der Haustür ein: *Lolas Liebesschule.*

»Du hast dich nach der Geliebten dieses Kerls benannt, die er am Ende abserviert?« Na, ob das ein gutes Omen ist?!

»Lola ist eine Kurzform von Dolores, aber das bedeutet Schmerz, und du musst zugeben, dass das wohl kaum zu einer Liebesschule passt. Da ist Lola doch wesentlich angemessener.«

Ich persönlich fände es ja viel angemessener, wenn meine Mutter – ihrem Vornamen entsprechend – Schmerztherapeutin geworden wäre. Das wäre wenigstens nicht so peinlich!

03

Lauter neue Gesichter … und ein bekanntes

Im Internat bin ich meistens schon aufgewacht, bevor der Wecker geklingelt hat. Tabea und ich haben uns eine frühmorgendliche Laufrunde angewöhnt, was sich natürlich enorm auf unsere Kondition ausgewirkt hat und damit auch auf unsere Leistungen beim Hockey.

Ein weiterer Vorteil: Wenn man anschließend als Erste in den Waschraum gekommen ist, waren die Duschen alle noch frei, und das Wasser wunderbar heiß!

Dass ich jetzt ein Bad für mich allein habe, ist nicht der einzige Grund dafür, dass ich mir mit dem Aus-den-Federn-Hüpfen heute Zeit lasse. Tatsächlich drücke ich dreimal auf die Snooze-Taste des Weckers und genieße es, noch ein paar Minuten liegen zu bleiben. Dabei bin ich gar nicht mehr richtig müde. Vielmehr habe ich ein bisschen Bammel vor dem, was mir bevorsteht: mein erster Tag in der neuen Schule.

Puh.

Ich kann wirklich nicht gerade behaupten, mich darauf zu freuen. Wer wird schon gerne von allen angestarrt? Und sie *werden* starren, das weiß ich, denn ich würde das genauso machen. Schließlich ist ein neues Gesicht immer ein Highlight im langweiligen Schulalltag.

Am besten ziehe ich ein Anti-Gaffer-T-Shirt mit der Aufschrift »Hier gibt es nichts zu sehen« an. Oder eins mit meinem Steckbrief, um keine Fragen beantworten zu müssen.

Als der Wecker zum vierten Mal loslegt, quäle ich mich endgültig aus meinem Matratzenlager und schlurfe ins Bad. Zähne putzen, duschen, Haare föhnen, das funktioniert zum Glück alles automatisch, sodass ich meinem trägen Geist noch eine Pause gönnen kann. Genauer gesagt, träumt er sich zurück in mein altes Leben. Im Internat steht diese Woche ein Hockeyturnier an. Ohne mich. Alles wird dort künftig ohne mich stattfinden. Ich bin nichts weiter als eine Ehemalige.

Autsch! Vielleicht funktioniert das mit dem Föhnen doch nicht ganz von selbst. Um ein Haar hätte ich mich verbrannt, weil ich zu lange auf dieselbe Stelle gezielt habe.

Ich denke an den dämlichen Film von vorgestern. So bescheuert, einen angeschlossenen Föhn ins Wasser fallen zu lassen, bin ich nicht mal im Tiefschlaf!

Wenigstens hat mich der kurze Schreck endgültig wach gemacht. Spontan beschließe ich, dass *fast trockene* Haare voll okay sind. Ich werde sie einfach zu einem Kordelzopf zwirbeln und unter meine Beanie-Mütze stopfen, dann fallen sie später umso schöner.

Natürlich ziehe ich mir kein Motto-T-Shirt an, sondern eine Jeans und dazu einen hellen Baumwollpulli. Am liebsten würde ich meine Falkenburg-Schuluniform tragen, aber mit Faltenrock und Kniestrümpfen würde ich hier natürlich extrem auffallen, und das ist das Letzte, was ich will.

Meine Mutter ist schon in der Küche zugange. Sie trägt eine gestreifte Latzhose, die vermutlich original aus den Achtzigern stammt, und rührt in einem Topf voller köchelndem Brei. Er blubbert gewaltig, und mit ihrem Gerühre versucht sie offenbar zu verhindern, dass alles durch die Küche spritzt. Fast erfolgreich.

»Hast du Lust auf Porridge, mein Schatz? Ist irrsinnig gesund und schmeckt *ganz toll*«, begrüßt sie mich.

»Kein Appetit«, erwidere ich prompt. Bevor ich heißen Blubberbrei frühstücke, muss erst die Hölle zufrieren. Laut meiner App liegt eine Bäckerei auf meinem Schulweg, dort werde ich mir ein Sandwich holen.

»Aber trink wenigstens einen Milchkaffee!«

Das klingt zu verlockend – da kann ich nicht Nein sagen. Mama kennt mich einfach zu gut. Und dann fängt auch noch mein Magen an zu knurren, der alte Verräter! Zum Glück läuft das Radio und übertönt den Radau, den meine Verdauungsorgane veranstalten. Wer weiß, sonst würde mir Mama am Ende doch noch dieses pappige Breizeugs aufzwingen.

»Jedem Anfang wohnt ein Zauber inne«, deklamiert sie plötzlich. Im ersten Moment denke ich, nun ist sie endgültig übergeschnappt, doch dann wird mir klar, dass sie ein Gedicht rezitiert. Sie bleibt hängen und beginnt von vorne: »Und jedem Anfang wohnt ein Zauber inne, der uns beschützt und der uns hilft, zu leben.«

»Goethe oder Schiller?«, tippe ich.

»Weder noch. Das ist von Hermann Hesse. Meinem Lieblingsschriftsteller, als ich in deinem Alter war.«

Kaum vorstellbar, dass meine Mutter einmal in die zehnte

Klasse gegangen ist. Muss sie aber wohl, rein logisch betrachtet. Schon erstaunlich, dass sie sich gern dran erinnert. Denn bestimmt war sie eine ziemlich schräge Fünfzehnjährige, wenn sie damals freiwillig Gedichte gelesen hat. Eine, die nur bei Lehrern beliebt war, permanent gemobbt wurde und total vereinsamt wäre, hätte sie keine Bücher gehabt – ihre einzigen Freunde. Oh Mann, wie traurig! Ich schäme mich dafür, dass ich das jüngere Ich meiner Mutter vermutlich nicht sonderlich gemocht hätte, und könnte auf einmal heulen vor Mitleid.

»Hab dich lieb, Mama«, stoße ich mit erstickter Stimme hervor und falle ihr um den Hals.

»Ich dich auch, mein Herz. Und keine Sorge, es wird schon nicht so schlimm werden. Denk an Hermann Hesse.«

»An wen?«

»Na, an den Schriftsteller, von dem diese Zeilen stammen: In jedem Anfang wohnt ein Zauber inne, und so.«

Ach, stimmt ja. Ich bin wohl doch noch nicht ganz wach. Oder zu hungrig, um zu denken. Höchste Zeit, dass ich in diese Bäckerei komme.

»Ich muss los«, verkünde ich, schnappe meine Umhängetasche und mache mich auf den Weg.

Die App hat nicht übertrieben: Bis zur Schule gehe ich gerade mal fünf Minuten, und das, obwohl ich mich nicht eben beeile und einen Zwischenstopp einlege, um ein Käse-Schinken-Baguette zu kaufen.

Als ich den Schulhof betrete, kaue ich gerade den letzten Bissen. Obwohl es noch relativ früh ist, bin ich nicht die Erste hier. Am Klettergerüst, das mit Sicherheit vor allem für die jüngeren Schüler gedacht ist, lungern ein paar Jungs herum, die schwer damit beschäftigt sind, cool zu wirken. Natürlich bemerken sie mich, das spüre ich genau, obwohl sie sich betont desinteressiert geben.

Was die können, kann ich schon lange!

Ich wende mich ab, ziehe langsam mein Handy aus der Tasche und tue so, als hätte ich etwas Wichtiges zu erledigen. Bei der Gelegenheit fällt mir auf, dass eine Nachricht von Tabea eingegangen ist. Wie lieb von ihr! Bestimmt will sie mir alles Gute für den ersten Schultag wünschen! Ich öffne die Nachricht und lese:

> Hi Justine, kann es sein, dass du versehentlich die Notenmappe mitgenommen hast? Nadine, meine neue Mitbewohnerin, spielt künftig deinen Part mit der Querflöte. Jedenfalls fehlt ein Notensatz. Falls du die Mappe findest, wäre es cool, wenn du sie schickst. Am besten per Express. Danke und Bussi, Tabea

Ich bin sprachlos. Ernsthaft, sie fragt nach meinen Flötennoten? Die habe ich selbstverständlich abgegeben. Aber selbst wenn nicht: Was geht das Tabea an? Sollte sie mich nicht vielmehr fragen, wie es mir geht? Sie kann sich doch denken, dass ich mich heute ziemlich mies fühle. Da könnte sie mir ruhig viel Glück und einen guten Neuanfang wünschen. Irgendwas Nettes eben. Das könnte ich jetzt ziemlich gut gebrauchen.

Oh Mann, wenn mir jetzt die Tränen in die Augen steigen, bin ich an der neuen Schule sofort als Heulsuse verschrien.

»Wow, cool, da bist du ja! Ich wusste gar nicht, dass du auch auf die *Marie Curie* gehst. In welche Klasse kommst du denn? Neunte? Zehnte? Elfte?«

Selbst wenn ich mich nicht umgedreht hätte, hätte ich gleich gewusst, wer da auf mich einredet.

»Giulia! Du ahnst gar nicht, wie froh ich bin, dich zu sehen. Ich gehe in die Zehnte. Und du?«

»Ich auch. Weißt du schon, in welche – 10a, b, c oder d?«

»Boah, keine Ahnung.« Im Internat gab es pro Jahrgang nur eine Klasse mit maximal zwanzig Schülern.

»Okay, wir kriegen das raus. Komm einfach mit«, kommandiert Giulia und marschiert los. Obwohl ich keine Ahnung habe, was sie vorhat, laufe ich ihr hinterher.

Von innen ist die Schule noch hässlicher als von außen. Seufzend erinnere ich mich an die Falkenburg. Die sieht aus wie ein Märchenschloss und ist topmodern ausgestattet. Die perfekte Mischung aus alt und neu. Bei der Marie-Curie-Gesamtschule ist es leider genau umgekehrt: auf den ersten Blick ein geschmackloser, moderner Betonbau, aber drinnen hoffnungslos altmodisch. Sozusagen eine Kombination aus dem Schlechtesten jeder Epoche.

Das muss die grauenhafteste Schule in der ganzen Stadt sein. Ach was, im ganzen Land! Es gibt nur einen einzigen Vorteil: Sie liegt nicht weit von meinem neuen Zuhause entfernt, das mir allerdings auch nicht viel besser gefällt. Wenigstens ist es zu Hause gemütlicher. Und sauberer. Und es müffelt nicht so nach Toiletten und altem Tafelschwamm …

Dann stehen wir vor einer Tür mit der Aufschrift »Sekretariat«, und mir wird klar, was Giulia vorhat. Mensch, darauf hätte ich ja auch mal selbst kommen können!

Wir klopfen an und treten ein. Der Drache hinter dem Schreibtisch schaut über die Goldrandbrille, als hätten wir etwas verbrochen. Schnell stelle ich mich als neue Schülerin vor. Sofort verwandelt sich Frau Mahlzahn in Kasperles freundliche Oma, und sie strahlt mich an.

Ich komme in die 10d, Giulias Klasse. Ein Lichtblick!

»Wir haben noch Zeit bis zur ersten Stunde«, sagt Giulia, nachdem wir das Sekretariat verlassen haben – ich mit einer Bücherliste und meinem Stundenplan in der Hand.

Wir verziehen uns in eine strategisch günstige Ecke des Schulhofes, von wo aus wir einen guten Überblick haben.

»Da kommen Marta, Janne, Frieda, Celine und Joy«, erklärt Giulia und deutet auf eine Gruppe Mädchen, die gerade plaudernd und lachend das Schulgelände betreten. Sie wirken fröhlich und entspannt – kein bisschen zickig.

»Magst du sie?«, will ich wissen.

»Nein, tu ich nicht«, antwortet Giulia zu meinem Erstaunen. »Ich *liebe* sie! Das ist meine Clique«, fügt sie lachend hinzu, und ich bin erleichtert. Erleichtert und ein bisschen neidisch auf Marta, Janne, Frieda, Celine und Joy. Wie gerne würde ich ebenfalls zu Giulias Clique gehören!

»Warte nur, bis du sie kennenlernst«, prophezeit sie mir. »Wetten, dass du sie auch gleich ins Herz schließen wirst?«

Okay. Das klingt fast, als würde sich Giulia darüber freuen. Möchte sie etwa, dass ich dazugehöre? Das wäre … ziemlich cool.

»Und was ist mit denen da?«, frage ich und deute auf die Jungs am Klettergerüst, die mir vorhin schon aufgefallen sind.

»Das sind Timm und seine bescheuerten Freunde«, erklärt Giulia mit Todesverachtung. »Vor denen solltest du dich echt vorsehen. Die haben nur Blödsinn im Kopf. Leider gehen sie alle in unsere Klasse. Die Namen erspare ich dir, die kannst du dir jetzt eh nicht merken.«

»Oh, ich habe ein ziemlich gutes Gedächtnis«, widerspreche ich, denn das habe ich wirklich. Es ist zwar nicht fotografisch, aber fast. Vokabeln pauken ist für mich ein Kinderspiel. Gedichte auswendig lernen ebenso. Oder Geschichtsdaten. Problematisch wird es höchstens, wenn ich etwas nicht verstehe – zum Beispiel in Mathe. Hoffentlich haben wir einen Lehrer, der gut erklären kann. Genauer gesagt: der so erklären kann, dass es mit meinem Gehirn kompatibel ist. Notfalls schaue ich mir Tutorials auf YouTube an – so habe ich das jahrelang gehandhabt, als wir im Internat eine Mathelehrerin hatten, die genauso gut hätte Chinesisch sprechen können.

»Okay, umso besser«, findet Giulia. »Timm, ihr Anführer, steht da ganz links. Der Typ mit der Lederjacke. Das daneben ist Laurin, dann Ole mit den strähnigen Haaren, der Schönling Noel, der ewig grinsende Lenny und Felix mit dem Ohrtunnel. Ein echtes Gruselkabinett.«

Ich nicke nur, was aber keineswegs bedeutet, dass ich Giulias Urteil fraglos übernehme. Vermutlich hat sie ja recht, aber ich kann niemanden verurteilen, den ich überhaupt nicht kenne. Grundsätzlich kriegen Laurin, Ole, Noel, Lenny, Felix und sogar Timm also die Chance, mich davon zu überzeugen, dass sie eigentlich ganz okay sind. Oder davon, dass Giulia doch recht hat.

»Diese Typen führen selten was Gutes im Schilde. Selbst wenn sie nett zu dir sind: Du darfst ihnen niemals trauen!«

Das klingt ja richtig ernst. Ob Giulia da vielleicht etwas übertreibt? Ich nehme mir vor, das selbst herauszufinden.

»Und da kommen noch ein paar mehr Leute aus unserer Klasse«, unterbricht Giulia meine Gedanken. »Das sind Colin, Nelly, Julian, Fabienne, Henry, Alexa, Oscar, Zoe und Cem«, rattert sie herunter. Ich speichere die Namen ab, doch ob ich sie jeweils den richtigen Gesichtern zuordne, ist fraglich.

Mein fast fotografisches Gedächtnis kommt an die Grenzen seiner Kapazität.

»Die Namen und die Gesichter habe ich mir gemerkt, aber keine Ahnung, wer wer ist«, muss ich zugeben.

»Das ist bestimmt megaschwierig. Weißt du was? Es gibt ein Klassenfoto vom Anfang des Schuljahres. Ich bringe dir einen Abzug mit und schreibe die Namen dazu. Das wird dir bestimmt weiterhelfen.«

»Super Idee!«, finde ich. »Das wäre total lieb von dir.« Und bevor ich weiter darüber nachdenken kann, fasse ich mir einfach ein Herz und frage: »Möchtest du vielleicht mal bei mir vorbeikommen? Am Freitagnachmittag zum Beispiel?«

»Passt perfekt«, sagt Giulia, und mit einem Mal kommt mir dieser Tag, die neue Schule und überhaupt mein Leben viel erfreulicher vor als noch vor wenigen Minuten.

In diesem Moment klingelt es. Alle streben dem Eingang entgegen. Giulia und ich sind plötzlich ein Teil der Menge.

Ich versuche darauf zu achten, dass ich nicht allzu weit von ihr weggeschoben werde. Keine Ahnung, wie ich sonst unser Klassenzimmer finden soll.

Wo ist sie nur?

Mist, jetzt habe ich sie doch aus den Augen verloren. Zum Glück erkenne ich einige unserer Klassenkameraden. Den schrecklichen Timm zum Beispiel und Marta oder Grinse-Lenny. Er hat tatsächlich ein Lächeln im Gesicht, und das am Montagmorgen! Grundsätzlich finde ich das nicht unsympathisch. Eher erstaunlich. Die meisten anderen ziehen ziemlich mürrische Gesichter, mich eingeschlossen.

Unser Klassenzimmer ist ungefähr so behaglich wie eine öffentliche Bahnhofstoilette. Was sind denn das für vorsintflutliche Neonlampen? Und von Whiteboards hat man hier wohl noch nichts gehört.

Ich atme tief durch. Alles wird gut! Ich darf jetzt nicht negativ denken.

»Da bist du ja.« Giulia steht auf einmal wieder neben mir. »Plötzlich warst du weg, ich hab dich schon gesucht«, sagt sie mit schuldbewusster Miene.

»Kein Problem, ich bin ja hier«, beruhige ich sie. »Und wo soll ich mich hinsetzen?«

»Neben mir ist noch ein Platz frei«, teilt sie mir mit.

Das klingt gut. Sehr gut sogar!

04

Eine optische Täuschung – vielleicht

»Na, meine Große, wie war dein Schultag? Hast du die Bücher abgeholt? Was gab es in der Kantine? Sind die anderen nett zu dir? Musst du noch Hausaufgaben erledigen für morgen?«

Ich lasse mich aufs Küchensofa plumpsen und warte ab, bis Mamas Redeschwall versiegt. Sie kann sich manchmal selbst nicht bremsen und vergisst dabei ganz, eine Antwort abzuwarten, bevor sie die nächsten Fragen abfeuert.

»Hast du schon Freunde gefunden? Immerhin war das schon dein vierter Tag an der neuen Schule! Sind die Lehrer okay? Welche Fächer hattest du heute? Bist du gut mitgekommen?«

Auf einmal merkt sie, dass ich mir ein Grinsen verkneife, und stemmt mit gespielter Strenge die Hände in die Seiten. »Justine Kroeger, du sollst dich nicht über deine Mutter lustig machen«, tadelt sie, doch dann muss sie selber lachen.

Natürlich könnte ich ihre Fragen jetzt einfach der Reihe nach beantworten:

- Ganz gut, im Großen und Ganzen.
- Ja, ich war eben in der Buchhandlung.
- Frikadellen, Kartoffelbrei und Salat.
- Die meisten schon.
- Nein, alles schon erledigt.
- Mit Giulia verstehe ich mich echt super.
- Ganz okay, ja, sogar der Mathelehrer.
- Musik, Doppelstunde Sport, Geografie, Französisch, Deutsch, Doppelstunde Englisch.
- Ja klar, keine Sorge.

Aber ich vermute, so genau will sie es gar nicht wissen. Mama will mir mit ihrer Fragerei bloß zeigen, wie wichtig ich ihr bin und wie leid es ihr tut, dass ich ihretwegen nicht länger im Internat bleiben konnte. Wenn ich mich hier wohlfühle und viele Freunde finde, beruhigt das ihr Gewissen. Und was hätte ich auch davon, wenn sie sich Vorwürfe macht?

Deshalb erzähle ich ihr von der Verabredung mit Giulia morgen und dass ich auch mit ihren Freundinnen richtig gut klarkomme. Warum ich nicht schon gleich am Montag damit rausgerückt bin, weiß ich selbst nicht so genau. Vermutlich wollte ich nicht, dass Mama enttäuscht ist, falls es dann doch nicht geklappt hätte. Doch heute hat Giulia gesagt, wie sehr sie sich auf unser Treffen freut, also wird sie es garantiert nicht absagen. Was wiederum mich total freut. Aber offenbar nur halb so sehr wie Mama. Denn die strahlt gerade wie ein Honigkuchenpferd. Sie will natürlich nur das Beste für mich. Und wenn sich das mit dem Besten für sie selbst deckt, umso besser.

»Wollen wir zusammen was Schönes kochen?«, schlägt sie vor. Wie sie das sagt, klingt es wie ein spektakulärer Vorschlag. Als wäre eine zu Hause selbst zubereitete und eingenommene Mahlzeit etwas echt Exotisches. Und das ist es auch – jedenfalls in unserer kleinen Zwei-Frau-Familie. Woanders mag so etwas ja Alltag sein, aber nicht bei uns. Als erfolgreiche Businessfrau hatte meine Mutter eben nie Zeit zum Kochen – dafür umso mehr Geld für schicke Restaurants oder gute Lieferservices. In den Ferien waren wir ständig unterwegs, was dazu führte, dass ich inzwischen fast alle internationalen Spezialitäten kenne.

»Okay«, stimme ich zu, bevor mir einfällt, was Mama heute Morgen in der Küche fabriziert hat, und ich rasch hinzufüge: »Aber keinen Brei!«

Damit bringe ich meine Mutter zum zweiten Mal innerhalb von fünf Minuten zum Lachen.

»Auf keinen Fall Brei«, verspricht sie, und dann gibt sie zu, dass sie ihren Porridge auch nicht gegessen hat. Stattdessen war sie in derselben Bäckerei wie ich und hat sich zwei Nussplunder gekauft.

Ich kommentiere das nicht.

Wir einigen uns darauf, es einfach mal mit Spaghetti zu probieren. Und dazu soll es Pesto, Parmesan und Salat geben.

»Das müssten wir hinkriegen«, vermute ich.

»Ja«, sagt meine Mutter, »das schaffen wir schon.«

Wir *kriegen* es hin! Kunststück, mit einem Glas Fertig-Pesto, einem Beutel gewaschenem und verzehrbereitem Salat und einem Dressing aus der Flasche. Die größte Herausforderung besteht darin, eine Packung Nudeln in kochendes

Wasser zu werfen und nach exakt neun Minuten abzugießen. Dafür braucht man wahrlich keinen Meisterbrief. Man muss nur lesen können, und das kann ich seit der Grundschule.

Es schmeckt superlecker. Wir schlagen uns die Bäuche voll und stöhnen hinterher, weil wir viel zu satt sind. Dann spült Mama das Geschirr, und ich trockne es ab. Im Radio läuft irgendwas Uraltes von Madonna, was Mama laut mitsingt.

»Was für ein herrlicher Frühlingsabend«, sagt sie, als wir fertig sind, und schaut verträumt aus dem Fenster. »Fast wie im Sommer. Wenn heute schon Freitag wäre, könnten wir es uns im Garten gemütlich machen und stundenlang quatschen. Aber du musst ja morgen früh in die Schule.«

Wenn heute tatsächlich Freitag wäre und nicht Donnerstag, hätten die meisten fünfzehnjährigen Mädchen eine Verabredung mit Freunden. Aber ich finde nicht, dass das wesentlich reizvoller klingt als der Plan meiner Mutter. Sie ist viel cooler als die meisten meiner Altersgenossen. Einmal abgesehen von Giulia, vielleicht.

Dann fällt mir ein, dass im Grunde gar nichts gegen einen Abend im Garten spricht, denn unsere Biologielehrerin ist krank, deshalb fallen die ersten beiden Stunden morgen früh aus. Ich muss also erst nach der großen Pause in der Schule sein.

Meine Mutter ist begeistert und findet, dass heute der ideale Abend für eine spontane Feier ist. Wenn sie mit der Liebesschule richtig durchstartet, wird sie für so etwas nicht mehr so viel Zeit haben. Am Montag beginnen die ersten Kurse, und sie ist schon ganz aufgeregt.

Ich will eigentlich gar nichts davon hören und lenke das

Thema daher auf die Frage, ob wir Giulia morgen Nachmittag Kuchen oder lieber Eiscreme servieren. Mama ist für Kuchen. Am besten Käsekuchen oder Apfelstreusel. Klingt gut, finde ich.

Wenig später machen wir es uns auf den Liegestühlen im Zaubergärtchen gemütlich, legen die Füße hoch, trinken Zitronenlimonade und betrachten den Himmel. Es ist zwar noch hell, aber man kann den Mond schon deutlich erkennen.

»Hast du dir schon überlegt, wie du dein Zimmer streichen willst?«, fragt meine Mutter. »Vielleicht königsblau mit Leuchtsternen an der Decke, was hältst du davon?«

»Kommt nicht infrage!«, widerspreche ich. Bin ich etwa ein Kleinkind? »Dieses Haus ist definitiv bunt genug. Ich bin für ein freundliches, warmes, fröhliches Weiß.«

»*Weiß?* Wie langweilig! Das ist doch gar keine richtige Farbe«, ruft sie ehrlich entsetzt.

»Weiß ist die reinste und vornehmste aller Farben«, sage ich.

Und obwohl es zusehends dunkler wird, sehe ich, dass meine Mutter die Augen verdreht.

Ich grinse. Der Punkt geht an mich. Auch wenn ich fürchte, dass diese Diskussion noch nicht ganz ausgestanden ist. Von wegen, ich darf allein entscheiden …

Ein paar Minuten lang schweigen wir und nippen an unserer Limonade.

»Ist das gemütlich!«, seufzt Mama nach einer Weile. »Jetzt fehlt nur noch ein bisschen Partybeleuchtung. Magst du mal die Lichterkette einschalten?«

Gute Idee. Das mag ich durchaus. Ich stelle mein Glas ab, springe auf und suche eine Steckdose. Ah, da am Holzschuppen ist eine. Das Kabel ist ein bisschen kurz, ich muss ganz schön daran herumzerren, damit es reicht.

Genau, als ich den Stecker in die Dose schiebe, geschieht es. Am Himmel zuckt es hell auf, und ein gleißendes Licht durchbricht unsere Gartenhecke. Zuerst halte ich es für eine kugelförmige Outdoorlampe, die auf dem Nachbargrundstück umgekippt und in unserem Garten gelandet ist, doch dann wird mir klar, dass diese Erklärung nicht ausreicht. Jedenfalls nicht dafür, dass die leuchtende Kugel langsam, aber sicher auf mich zugerollt kommt. Ich bin wie hypnotisiert von ihrem Anblick und schaffe es einfach nicht, meinen Blick von ihr abzuwenden.

Meine Mutter scheint nichts zu bemerken, sie sagt wieder irgendein Gedicht auf.

»Der Himmel, groß, voll herrlicher Verhaltung, ein Vorrat Raum, ein Übermaß von Welt«, beginnt sie versonnen. Vermutlich hat sie die Augen geschlossen und träumt wieder von ihrer einsamen Jugend, in der Bücher und Reime ihr einziger Trost waren.

Währenddessen fixiere ich diese Kugel, die immer näher kommt, ohne dass ich begreife, was es damit auf sich hat. Ist das vielleicht ein kugelförmiges Nagetier, das in Leuchtfarbe gefallen ist? Oder die reflexartige Reaktion meines Auges auf das Wetterleuchten?

»Und wir, zu ferne für die Angestaltung, zu nahe für die Abkehr hingestellt«, fährt Mama leise mit ihrem seltsamen Gedicht fort.

Ich verstehe kein Wort. Was in aller Welt ist eine *Angestaltung*? Und welche Abkehr ist gemeint? Kein Wunder, dass Gedichtinterpretationen regelmäßig zum Vollversagen ganzer Klassen führen! Und das seit Generationen. Ich meine: Wer soll heutzutage diese altertümliche Sprache begreifen? Oder sich dafür interessieren?

Wenn ich mir aussuchen dürfte, eines von beidem zu verstehen – das Gedicht oder diese leuchtende Kugel –, dann würde ich keine Sekunde zögern und die Kugel wählen.

Jetzt ist sie nur noch wenige Meter von mir entfernt und erscheint auf einmal viel kleiner, dafür aber umso heller als zuvor.

WAS IST DAS?

»Da fällt ein Stern! Und unser Wunsch an ihn, bestürzten Aufblicks, dringend angeschlossen«, spricht Mama weiter.

Zum ersten Mal habe ich das Gefühl, etwas zu verstehen. Mensch, vielleicht ist es das: ein gefallener Stern. Kann das sein? Rollt da etwa ein Stern auf mich zu? Können Sterne so winzig sein? Am Himmel sieht man sie als winzige Punkte, und man stellt sich vor, dass sie in Wahrheit riesig sind, aber was, wenn das gar nicht stimmt?

Jetzt erreicht DAS DING meinen Fuß, berührt mich am großen Zeh – und verschwindet urplötzlich. *Darin?*

»Was ist begonnen, und was ist verflossen? Was ist verschuldet? Und was ist verziehn?«

Ich verstehe kein Wort. Kein einziges! Lyrik ist schlimmer als die unverständlichste Fremdsprache.

Umso mehr spüre ich, wie etwas in meinem linken Bein kribbelt. Es steigt in mir auf, macht meinen Bauch ganz heiß, zischt weiter in Richtung Schulter, fährt in meinen rechten Arm und verlässt mich über die Hand direkt in die Lichterkette hinein, die für einen Augenblick ganz grell aufleuchtet, um dann gleich wieder zu verlöschen.

OMG. Wurde ich gerade vom Blitz getroffen?

»Oje. Ist die Lichterkette kaputt?« Meine Mutter klingt überrascht. Irgendwie so, als wäre sie bis eben ganz weit weg gewesen und nun quasi auf Knopfdruck wieder in die Realität zurückgekehrt.

Ich bin unfähig zu antworten, sondern stehe einfach nur da. Wie erstarrt. Zitternd. Und verwirrt.

»Das war *Nachthimmel und Sternenfall*«, sagt Mama. Für einen Moment glaube ich, sie meint dieses Kugelblitzdingens. Dann wird mir klar, dass sie von dem, was passiert ist, offenbar nicht das Geringste mitbekommen hat, sondern noch immer von ihrem merkwürdigen Gedicht redet.

»Goethe, Schiller oder dieser Hermann Hesse?«, frage ich mit brüchiger Stimme. Ich kann mich gerade überhaupt nicht bewegen, fühle mich wie gelähmt, aber zugleich auch voller Energie. Eine unbeschreibliche Empfindung.

»Keiner davon. Das ist von Rainer Maria Rilke.«

Noch so ein historischer Versfuzzi. Was er wohl über Lichterketten, Kugelblitze und Taubheitsgefühle in Armen und Beinen geschrieben hätte?

»Ist das nicht großartig? Der Mensch steht dem Sternenhimmel gegenüber, der ihn überragt. Das ist so … erhaben. Und romantisch. Ich liebe Rilkes Lyrik. Seine Verse sind so dicht, als hätte man sie unter hohem Druck gepresst, so wie Diamanten. Verstehst du, was ich meine?«

Kein Wort! Ich kann mich jetzt leider auch nicht auf das Gerede meiner Mutter oder die Reime konzentrieren, sondern richte meine ganze Aufmerksamkeit auf das, was gerade in meinem Körper vor sich geht. Denn da kribbelt's auf einmal wie verrückt, als wäre alles voller Ameisen. *Killerameisen!*

Kurz bevor ich es überhaupt nicht mehr aushalten kann, bin ich auf einmal wie erstarrt und spüre rein gar nichts mehr. Die totale Gefühllosigkeit! Nur um einen Moment später ganz schrecklich zu frieren. Ich schlottere am ganzen Körper, als wären wir am Nordpol, und urplötzlich ist auch das vorbei, und alles ist wieder normal.

Als wäre niemals ein leuchtender Ball auf mich zugerollt.

Als hätte mich kein Kugelblitz erwischt.

Als wäre rein gar nichts geschehen.

WAS WAR DAS DENN?

Ist eben tatsächlich ein Blitz durch mich hindurch in die Lichterkette gefahren? Oder war das eine optische Täuschung?

Bestimmt war es das. Denn Kugelblitze gibt's gar nicht. Weiß doch jeder.

Und überhaupt: Hätte mich ein echter Blitz getroffen, wäre ich jetzt garantiert tot. Oder zumindest schwer verletzt.

Doch ich lebe. Und bin völlig unversehrt. Mir geht es gut – von dem Riesenschrecken einmal abgesehen. Und der bleiernen Müdigkeit, die mich urplötzlich übermannt. Ich will einfach nur schlafen. Nur … schlafen.

»Du, Mama, es war wirklich ein toller Abend, aber ich bin auf einmal furchtbar erschöpft. Ich glaube, ich gehe lieber ins Bett.«

Das klingt vielleicht wie eine lahme Ausrede, ist aber die

Wahrheit. Oh Mann, ich bin so platt, als hätte ich gerade einen Marathonlauf hinter mir.

»Oh, ja. Tu das«, sagt Mama und nimmt mich in den Arm. »Ich wünsche dir eine gute Nacht.«

Wir sind echt ein super Team. Auch wenn wir manchmal ein paar kleine Geheimnisse voreinander haben.

»Ich dir auch!«

05

Das Beste gegen Fieber ist: ein Projekt!

Oh Mann, das war ja ein vollkommen verrückter Traum! Ich wurde von einem Kugelblitz getroffen und …

… tja, und dann habe ich mich genauso gefühlt wie jetzt gerade. Nämlich hundemüde. Dabei ist es schon Viertel vor neun. Normalerweise müsste ich um diese Zeit ausgeschlafen und putzmunter sein, dynamisch unter die Dusche springen und über diesen albernen Traum lachen. Stattdessen krieche ich im Schneckentempo aus den Federn, schleppe mich ins Bad und schlafe, auf der Toilette sitzend, fast wieder ein. Nur ein unschönes, rhythmisches Geräusch hält mich davon ab. Es kommt ganz aus meiner Nähe, doch ich kann seine Quelle nicht identifizieren.

Bis mir klar wird, dass ich selbst es produziere: Mein Zähneklappern bedeutet wohl, dass ich friere. Dafür spricht auch meine Gänsehaut. Dabei scheint die Sonne, wie ein Blick aus dem Badfenster verrät, es scheint ein warmer Tag zu sein. T-Shirt-Wetter. Allein der Gedanke daran, nur mit einem kurzärmeligen, dünnen Baumwollteil rauszugehen, bringt mich noch mehr zum Schlottern. Ich muss mich hinlegen. Sofort!

Bevor ich zurück in mein Zimmer wanke, krame ich im Medizinschränkchen nach einem Thermometer und stecke es mir unter die Achsel.

Zurück auf meinem Matratzenlager, fallen mir sofort die Augen zu. Erst als das Thermometer piept, öffne ich sie wieder, um das Resultat abzulesen. Neununddreißig vier. Wenn das kein Fieber ist!

Nach ein paar Minuten unter der kuschelig warmen Decke lässt das Zähneklappern langsam nach, doch dafür habe ich jetzt ein seltsames Summen im Ohr. So laut wie ein ganzer Bienenschwarm! Werde ich etwa verrückt?

Da steckt meine Mutter den Kopf zur Tür herein und fragt, ob sie Brötchen besorgen soll, damit wir vor der Schule noch gemeinsam frühstücken können, und wann ich losmuss.

»Kein Hunger«, flüstere ich matt.

Sie ist sofort alarmiert. »Hast du dich erkältet? Tut dir was weh? Kind, du glühst ja!«

Wortlos halte ich ihr das Fieberthermometer hin, damit sie den Wert selbst ablesen kann.

»Du gehst auf keinen Fall in die Schule!«, verkündet meine Mutter streng.

»Ich kann doch nicht schon in meiner ersten Woche krankfeiern«, widerspreche ich halbherzig, doch als ich mich ächzend aufsetze, wird mir sofort schwindelig.

»Keine Widerrede!«, sagt Mama, und ich nicke demütig.

»Überredet.« In diesem Zustand kann ich nun wirklich nicht aufstehen.

»Ich bringe dir einen Tee, ein bisschen Zwieback mit Honig und frisch gepressten Orangensaft.«

»Kein Hunger«, wiederhole ich. »Ich will nur schlafen. Ruf
einfach in der Schule an und melde mich krank.«
Und dann wird alles um mich herum dunkel.

Gegen halb elf wache ich zum zweiten Mal auf und entdecke
ein Tablett mit Frühstück, das meine Mutter in Reichweite ab-
gestellt hat. Ich nippe nur ein bisschen an dem Tee, der längst
kalt geworden ist, und messe dann noch mal Fieber. Es ist un-
verändert hoch.

Ich sinke wieder in meine Kissen und versuche, mich an
den Traum von heute früh zu erinnern. Dabei wird mir klar,
dass das überhaupt keiner war, sondern eine Erinnerung an
gestern Abend. Mit anderen Worten: *Das war Realität!*

Ich wurde tatsächlich von einem Kugelblitz getroffen. Er
ist schnurstracks auf mich zugerollt und hat mich dann voll
erwischt. Das Fieber, das Summen im Ohr, meine bleierne
Müdigkeit und das Zähneklappern – das alles sind keine
Grippesymptome, sondern garantiert die Folgen dieses Blit-
zes. Vorsichtshalber betrachte ich meine Hände und dann
auch die Arme, Beine und Füße auf Spuren, die er hinterlassen haben könnte. Aber da ist nichts.

Ein Wunder, dass ich keine Verbrennungen erlitten habe.
Im Gegensatz zu der Lichterkette, die hinüber ist, bin ich echt
glimpflich davongekommen, könnte man sagen.

Völlig geschafft vom vielen Grübeln, schlafe ich erneut ein.

Irgendwann schlage ich die Augen wieder auf und bin ganz
irritiert – von der Stille. Kein Summen im Ohr, kein Zähne-
geklapper. Mir ist auch nicht schwindelig. Nicht mal müde

bin ich. Im Gegenteil, ich fühle mich hellwach und wunderbar erholt. Das Fieberthermometer bestätigt meinen Verdacht: sechsunddreißig fünf. Alles wieder normal!

»Kind, du sollst doch das Bett hüten!«, tadelt Mama mit sanfter Strenge, als ich in der Küche auftauche. Sie liest gerade in einem Achtsamkeits-Ratgeber und knabbert dazu geröstete Mandeln. Kann man eigentlich achtsam knabbern?

»Aber ich fühle mich topfit!«

Natürlich will sie mir nicht glauben. Als ich zwanzig Kniebeugen mache und dabei den Song *Happy* aus *Ich – einfach unverbesserlich 2* pfeife, ist sie fast überzeugt. Den endgültigen Beweis liefere ich, indem ich ein Rührei verlange. Eines der wenigen Gerichte, das sowohl meine Mutter als auch ich ohne Rezept hinbekommen.

Ich verschlinge es wie eine Verhungernde! »Lecker!«

Da ertönt ein lautes Summen, das mich gewaltig erschreckt. Sind die Symptome etwa zurück? Bitte nicht!

»Das ist bestimmt die Post«, sagt meine Mutter und macht sich auf den Weg zur Haustür.

Puh, bin ich erleichtert: Das war also nur unsere Klingel, kein Ohrgeräusch.

»Hey, Justine, ich hab mir Sorgen um dich gemacht«, reißt mich Giulia aus meinen Gedanken. Wo kommt die denn her? Offenbar war es doch nicht die Post.

»Giulia? Cool, schön, dich zu sehen. Du, mir geht es wieder super, jedenfalls im Gegensatz zu heute Morgen. Da war ich der reinste Zombie!«

»Das hat mir deine Mutter schon gesagt. Gruselig! Aber Hauptsache, du bist wieder gesund.«

Ich habe das dumpfe Gefühl, irgendwie auf dem Schlauch zu stehen. Was will Giulia hier? Mein Gedächtnis scheint mich im Stich zu lassen.

»Schön, dass du gekommen bist«, improvisiere ich in der Hoffnung, ihr eine Erklärung zu entlocken.

»Hatten wir doch abgemacht«, gibt sie zurück. Offenbar verrät mich mein verblüfftes Gesicht, denn Giulia gackert los, bis ihr die Tränen über die Wangen laufen. »Nicht zu fassen, du hast unsere Verabredung vergessen«, kichert sie.

So langsam dämmert mir was. Stimmt, wir haben uns verabredet. »Ist heute denn Freitag?«

»Du bist echt 'ne Blitzmerkerin«, sagt Giulia und lacht sich über ihre eigene Bemerkung schlapp. Gut für mich, so bekommt sie nämlich nicht mit, wie ich beim Stichwort Blitz erschrocken zusammenzucke. Dann lache ich einfach mit, denn natürlich kann sie nicht ahnen, was gestern passiert ist. Ich habe auch nicht vor, es irgendjemandem zu erzählen. Sonst hält man mich womöglich noch für eine Lügnerin. Oder noch schlimmer: für einen Freak, der einfach so einen Blitzschlag überlebt. So weit lasse ich es nicht kommen. Das Ganze bleibt mein Geheimnis!

»Übrigens wäre ich eh vorbeigekommen, um dir die Hausaufgaben zu bringen. Viel ist es nicht, nur ein kleiner Aufsatz und ein paar Vokabeln. Du hast heute kaum was verpasst. Das war der perfekte Tag zum Krankwerden.«

Hausaufgaben? Also wenn man im Internat Fieber hat, muss man NIE Hausaufgaben machen. »Krank ist krank«, lautet dort das Motto. Und wer krank ist, hat nur eine Aufgabe: sich zu erholen. Wie uncool, dass es hier anders läuft. Aber trotzdem nett von Giulia, dass sie sich darum kümmert.

»Und hier ist das Klassenfoto«, hilft Giulia mir auf die Sprünge.

Bingo! Jetzt erinnere ich mich. Ja, genau das war unser Plan. Sie wollte es mir zeigen, damit ich mir merken kann, wer wie heißt.

»Du kannst das einfach auswendig lernen«, erklärt sie. Neben jedes Gesicht hat sie eine Ziffer geschrieben und dazu eine Liste mit den dazugehörigen Namen. »Nummer eins ist Zoe, Nummer zwei bin ich, Nummer drei ist Lenny, Nummer vier ist Cem und so weiter.«

Genial! Bis Montag hab ich die drauf. Im Auswendiglernen war ich schon immer ein Ass.

»Mädels, ich sause mal eben zur Bäckerei, um Kuchen zu holen – oder Donuts«, sagt meine Mutter. »Bin gleich zurück. Mögt ihr dazu Kakao oder Limonade?«

»Kakao!«, antworten wir gleichzeitig. »Und Donuts.«

»Na, ihr seid euch ja wunderbar einig.« Sie schnappt sich den Einkaufskorb und macht sich auf den Weg.

»Zeigst du mir dein Zimmer?«, fragt Giulia.

»Da gibt es nicht viel zu sehen«, warne ich sie, doch ihre Neugier ist zu groß.

Noch größer ist allerdings ihr Entsetzen, als sie sich in meiner kargen Bude umschaut.

»Hey, wie sieht's denn hier aus?«, kommentiert sie einigermaßen fassungslos. »Bist du etwa so eine Art Nonne? Oder hast du einfach nur keinen Geschmack?«

Das ist zwar krass formuliert, aber ich kann ihre Reaktion

verstehen. Matratze auf dem Boden, Klamotten am Metall-
ständer, kein einziges Bild an den Wänden … Mein Zimmer
sieht aus wie eine Gefängniszelle. Eine Gefängniszelle mit
furchtbar hässlicher Blümchentapete!

»Keine Sorge, ich bin bloß noch nicht dazu gekommen,
hier irgendetwas zu verändern. Aber dieses Gerümpel wird
demnächst komplett ersetzt, auch der alte Kinderschreibtisch, und ich darf alles selbst aussuchen. Möbel, Farben, De-
kokram und so. Damit versucht Mama, mir den Schulwechsel zu versüßen.«

Ich höre selbst, dass das nur so mittelbegeistert klingt. Aus
mir wird wohl nie eine Innenarchitektin. Aus Giulia schon
eher. Sie ist völlig aus dem Häuschen und will mir bei meinem
Projekt unbedingt helfen. Bisher habe ich es nicht einmal als
Projekt betrachtet, höchstens als etwas, was ich irgendwann
einmal erledigen muss, wohl oder übel.

»Ich würde diese Wand in Orange streichen und die gegen-
überliegende in Pink. Da drüben könnte ein Hochbett stehen.
Oder nein, noch besser: ein Himmelbett! Umrahmt von lauter Bücherregalen. Und unter der Dachschräge könnte man
garantiert auch einen begehbaren Kleiderschrank einbauen.
Ich LIEBE begehbare Kleiderschränke! Dein neuer Schreibtisch könnte wieder direkt vor dem Fenster stehen. Am besten stellst du einfach links und rechts einen Schubladencon-
tainer hin, so einen bunten aus Metall, und darauf eine Platte
aus Holz oder Glas. Ich persönlich würde Glas nehmen, das
ist schick und hell. Und hast du schon mal über einen Fernseher nachgedacht? Flachbild natürlich, und internetfähig.
Für Netflix und so.«

Ich muss grinsen. Giulia ist voll in ihrem Element. Und keine Ahnung, wie sie es geschafft hat, mich mit ihrer Begeisterung anzustecken, aber irgendwie ist es ihr gelungen, und schon bald planen wir gemeinsam. Fieberhaft!

»Eine Runde Donuts und Kakao«, ruft meine Mutter gut gelaunt, als sie in mein Zimmer platzt.

Wir müssen wohl ziemlich überrascht aus der Wäsche schauen, denn sie schüttelt ungläubig den Kopf und kann kaum fassen, dass wir das völlig vergessen haben.

»So jung und schon so zerstreut!«, sagt sie.

»Nicht zerstreut, nur schwer beschäftigt«, erkläre ich und deute auf die vielen vollgekritzelten Blätter, die wir auf dem Boden verteilt haben. Ich habe notiert, was wir alles besorgen müssen, während Giulia diverse Pläne gezeichnet hat. Erstaunlich, wie viele verschiedene Varianten möglich sind, wie man die Möbel stellen könnte. Zumal ich mir noch gar keine ausgesucht habe. Es ist sooo kompliziert! Und auch ganz schön aufregend.

»Donuts sind jetzt perfekt«, strahle ich, denn obwohl ich mich vorhin erst mit Rühreiern vollgestopft habe, bin ich schon wieder ausgehungert und stürze mich auf das süße Gebäck. Liegt bestimmt daran, dass ich nicht gefrühstückt habe. Vielleicht auch an dem Fieber. Und eventuell an dem Blitz. Oh Mann, so ein Blitz verbrennt garantiert mehr Energie, als man in einer Woche zu sich nehmen kann. Selbst wenn man nur Buttercremetorte essen würde!

Giulia glänzt ebenfalls mit einem gesunden Appetit. Sehr sympathisch. Ich finde es lästig, wenn jemand nur an Kalorien denkt, anstatt sich auf den leckeren Geschmack zu konzentrieren. Tabea war so drauf. Mir wird jetzt erst bewusst, dass sie mich damit schon immer genervt hat.

Giulia und ich denken jedenfalls definitiv nicht an Kalorien, sondern greifen ordentlich zu, sodass der Donut-Karton schon bald bis auf den letzten Krümel leer ist.

Meine Mutter scheint ein bisschen enttäuscht zu sein, dass nichts für sie übrig geblieben ist, doch sie bemüht sich, sich nichts anmerken zu lassen.

»Ich bin kurz unterwegs. Die Werkstatt hat angerufen, dass ich das Auto abholen kann. Es ist endlich wieder fahrtüchtig. Ihr kommt ja auch ohne mich klar, nehme ich an. Jedenfalls wirkt ihr ganz schön beschäftigt. Darf ich fragen, was ihr da macht?«

»Wir planen meine Einrichtung«, erkläre ich, und Mamas Miene hellt sich auf. Sie schlägt sofort vor, morgen mit mir zum Baumarkt zu fahren, um Farbe zu kaufen.

»Ein fröhliches, freundliches Weiß«, sage ich, und sie seufzt theatralisch.

»Weiß ist doch gar keine richtige Farbe«, fällt mir Giulia in den Rücken, woraufhin meine Mutter ihr regelrecht um den Hals fällt.

»Endlich versteht mich jemand!«, ruft sie.

Ich glaube, ich muss da mal was richtigstellen. »Es ist schließlich mein Zimmer, und du hast mir versprochen, dass ich alles allein entscheiden kann.«

»Aber wir dürfen dich doch wohl beraten«, beharrt meine Mutter.

WIR? Was soll denn das heißen? Sie kennt Giulia gerade

mal seit fünf Sekunden, und schon hat sie sich mit ihr solidarisiert? Gegen mich? Ist ja herrlich.

»Und wenn du auf Weiß stehst, dann streichen wir eben alles so«, ergänzt Giulia.

WIR? Das klingt wiederum super. So als ob die ganze Arbeit nicht an mir allein hängen bleiben wird. Sehr gut!

»Ich muss los«, sagt Giulia irgendwann, »ich habe zu Hause noch einiges zu erledigen. Aber wir sehen uns morgen. Wann soll ich da sein?«

»Wie wäre es so gegen halb zehn?«, schlage ich vor, und mir wird ganz warm im Bauch, als Giulia nickt. »Super, das wird cool.«

Ich kann es kaum fassen, dass auch ich mich wahnsinnig freue – auf einen Besuch im Baumarkt! Das ist fast so absurd, als würde ich mich auf eine Mathearbeit freuen. Oder auf eine Darmspiegelung. Oder einen Beinbruch.

»Und anschließend fahren wir ins Möbelhaus«, sagt meine Mutter.

Auf einmal wird mir klar, dass mir diese karge Einrichtung eigentlich gar nicht gefällt. Ein richtiges Bett wäre schon klasse.

»Ich bin bereit!«, sage ich und meine viel mehr als das Renovieren: Ich bin bereit, mich hier wohlzufühlen. So richtig. Und mich nicht ständig nach dem Internat zurückzusehnen. Wow, manchmal schaffe ich es tatsächlich, mich selbst zu überraschen.

06

Vom Großeinkauf zum Großeinsatz

Warum nur haben wir uns für halb zehn Uhr früh verabredet? Ich muss wahnsinnig gewesen sein, als ich das vorgeschlagen habe. Und das alles nur, um ein bisschen Farbe zu kaufen. Na ja, und ein paar Möbel. Nichts, was man nicht auch noch gemütlich um elf oder zwölf machen könnte. Immerhin ist Samstag, und am Wochenende bleibe ich am allerliebsten so lange liegen, bis mich der Bewegungsdrang, der Hunger oder der Blasendruck zum Aufstehen zwingen.

Heute übernimmt das Giulia, die plötzlich freudestrahlend in meinem Zimmer steht und mir die Bettdecke wegzieht. Und weil das nichts bringt, macht sie auch gleich noch die Rollläden hoch und reißt das Fenster auf.

»Himmel, wie kannst du um diese Uhrzeit bloß schon so schrecklich dynamisch sein?«, stöhne ich.

»Ich freu mich auch, dich zu sehen«, grinst Giulia und drückt mir einen Chai Latte in die Hand.

So langsam kostet es mich mehr Mühe, liegen zu bleiben, als aufzustehen, also rappele ich mich hoch und gebe erst einmal dem Chai eine Chance, mich aufzuputschen.

»An deiner Stelle wäre ich wahnsinnig hibbelig«, verkündet Giulia ungeduldig. Ich pruste los, doch sie scheint nicht zu erkennen, was daran so absurd ist. Denn sie ist zwar nicht an meiner Stelle, aber die hibbeligste Person, die ich kenne.

»Los jetzt, ab ins Bad und anziehen«, scheucht sie mich auf. »Ich schau schon mal unten nach, wie weit deine Mutter mit dem Frühstück ist.«

Bei so viel guter Laune und Energie kann ich nicht länger Widerstand leisten. Das ist einfach zu ansteckend. Ich gehe unter die Dusche, trockne mich in Windeseile ab und schlüpfe dann in Jeans und Hoodie.

In der Küche diskutieren Giulia und meine Mutter die Frage, ob Sonnengelb in meinem Zimmer hübscher wäre als Neonpink. Ich ignoriere ihr Geplapper, bestreiche eine Brötchenhälfte mit Butter und Erdbeermarmelade und beiße herzhaft hinein.

»Was sagst du denn dazu?«, wendet sich Mama an mich. »Schließlich ist es dein Zimmer.«

»Genau«, stimme ich zu. »Es ist mein Zimmer, und es wird Sonnenweiß. Oder lieber Neonweiß? Schwierige Entscheidung.«

»Och menno!«, macht Giulia.

»Ist das dein letztes Wort?« Meine Mutter klingt ungläubig. Sie hat wohl immer noch gehofft, dass ich mich umstimmen lasse. Oder sie hat mir bisher nicht richtig zugehört. Oder meine Meinung nicht ernst genommen. Nichts davon ist sehr schmeichelhaft. Aber ich bin zu gut gelaunt, um sauer zu sein. Giulias Fröhlichkeit ist eben ansteckend.

»Okay, wenn die Wände weiß werden, brauchst du auf jeden Fall knallbunte Accessoires«, sagt Giulia, als wir ins Auto einsteigen.

»Acces… was?«

»Dekosachen«, übersetzt sie. »Du weißt schon: Kissen, Teppiche, Bilder und so was.«

Du liebe Zeit. Und womöglich noch Spitzendeckchen?

»Dekosachen brauche ich nicht«, erkläre ich.

»Brauchst du wohl, sonst wirst du in deiner weißen Bude noch schneeblind«, widerspricht Giulia. »Aber du hast Glück, Weiß bringt farbige Akzente erst richtig zur Geltung. Sie geben deinem Zimmer Atmosphäre. Sonst sieht es aus wie ein Hotelzimmer.«

Das klingt irgendwie logisch. Und auswendig gelernt.

»Wo hast du denn diese Weisheit her?«

»Aus einem Einrichtungsmagazin. Das ist eine topaktuelle Designempfehlung!«

Okay, ich bin schon überzeugt. »Na gut: farbige Akzente. Aber nicht übertreiben!«

»Hach, ich freu mich aufs Aussuchen!«, schwärmt Giulia.

Ich glaube, ich freue mich ebenfalls.

Wir müssen sogar noch ein paar Minuten vor dem Eingang warten, bis der Baumarkt öffnet. Als es so weit ist, laufen wir im Stechschritt in die Abteilung *Farben, Lacke, Tapeten.* Ich brauche nur zwei Minuten, um mich zwischen Polarweiß, Naturweiß, Schneeweiß, Altweiß und Wohlfühlweiß zu entscheiden. (Fast wundert es mich, dass Sonnenweiß und Neonweiß nicht wirklich angeboten werden. Und ich hatte geglaubt, Weiß ist Weiß.) Schneeweiß macht das Rennen.

»Meinst du, ein Eimer reicht, Mama? Oder sollen wir lieber zwei nehmen?«

»Tja, hättest du besser mal dein Zimmer ausgemessen, dann könnten wir das jetzt ausrechnen«, murmelt der bärtige Verkäufer vor sich hin.

Krass, der könnte glatt als Bauchredner auftreten – der Bart verdeckt seine Mundbewegungen komplett. Aber sollte er in seinem Job nicht höflicher sein? Oder ist es jetzt vielleicht modern, Kunden so zu behandeln wie Schulkinder, die ihre Hausaufgaben nicht gemacht haben?

Okay, ich BIN eine Schülerin, und ich habe weder meine Hausaufgaben erledigt noch mein Zimmer gründlich ausgemessen. Aber das gibt ihm doch noch lange nicht das Recht …

»Wir nehmen einfach zwei Eimer. Sicher ist sicher«, sage ich schnell und schnappe sie mir. Die Eimer sind schwerer, als ich gedacht hätte.

»Ein Einkaufswagen hätte geholfen«, kommentiert der bärtige Bauchredner, und ich bin empört. Am liebsten würde ich meine Mutter überreden, die Wandfarbe in einem anderen Baumarkt zu kaufen, aber das würde uns nur unnötig Zeit kosten. Außerdem scheint sich niemand außer mir über den taktlosen Verkäufer aufzuregen. Bin ich vielleicht überempfindlich?

Ich schlucke meinen Ärger also herunter und schleppe die Eimer in Richtung Kasse. Unterwegs nimmt Mama mir einen ab, und Giulia hilft mir, den anderen zu tragen. Auf einmal geht's viel leichter. Vermutlich ein gutes Omen für unser Teamwork. Meine Laune steigt, und zum ersten Mal stelle ich mir mein neues Zimmer wirklich vor, wie es demnächst aussehen könnte. Es wird definitiv schöner sein als jetzt, was allerdings auch keine Kunst ist. Aber auch schöner als Tabeas und mein Zimmer im Internat.

»Ich kann es kaum erwarten, die Möbel auszusuchen«, schwärmt Giulia, während meine Mutter bei IKEA einparkt.

Na, die werd' ja wohl ich aussuchen, denke ich, doch ich weiß, wie sie es meint. Hoffentlich versucht sie nicht, mir irgendwas Exotisches aufzuschwatzen, was mir nicht gefällt. Vielleicht hätte ich die Sache mit den Möbeln lieber alleine angehen sollen. Aber Giulia ist jetzt eh nicht mehr zu bremsen.

Als Erstes sehen wir uns bei den Betten um. Und ziemlich schnell stellt sich heraus, dass meine Sorge völlig unbegründet war – Giulia findet ohnehin dieselben Modelle wie ich gut. Unser Favorit, ein weißes, extrabreites Lackbett mit Schubladen, ist sogar im Sonderangebot. Inklusive Lattenrost und Matratze. Perfekt!

Es gibt einen dazu passenden Kleiderschrank, ein Bücherregal und sogar einen Schreibtisch aus derselben Serie, aber die sind nicht vorrätig. Wir können sie höchstens bestellen. Vier Wochen Lieferzeit.

»Kein Problem«, sage ich. Dann müssen mein Kinderschreibtisch und die Metallkleiderstange eben noch etwas länger herhalten.

»Sicher, dass du warten willst?«, fragt Mama. »Wir können auch andere Möbel aussuchen, die schneller lieferbar sind.«

Klar, und teurer – aber weder besser noch schöner.

»Nö, alles gut«, winke ich ab.

Giulia geht schon zum nächsten Programmpunkt über: »Und jetzt zu den Accessoires!«

»Das erledigt mal lieber ohne mich«, meint meine Mutter. Ihr ist nämlich eingefallen, dass mein neues Bett nicht in ihr Auto passt. Deshalb macht sie sich auf den Weg zur Anhängervermietung. Wir verabreden uns in einer halben Stunde an der Kasse und ziehen los.

Giulia ruft die »Mission: bunte Akzente« aus und will mir ein froschgrünes Kissen andrehen. Kommt gar nicht infrage! Mint ist okay, aber doch nicht Froschgrün …

Dazu passt der graue Sitzsack ganz hervorragend. Okay, Grau ist jetzt nicht besonders farbenfroh, das gebe ich zu. Immerhin lasse ich mich auf einen kirschroten Teppich und ein knallbuntes Plakat von *Erin Brockovich* ein, der zu meinen Lieblingsfilmen gehört. Nicht besonders aktuell, dafür superspannend. Vor allem ist es ein Gerichtsdrama und beruht sogar auf einer wahren Geschichte.

Dann überredet mich Giulia noch zu einer dunkelblauen Lampe und blau-grau gemusterter Bettwäsche, die echt schön ist. Aber damit ist es nun wirklich genug!

»Sicher, dass du keinen orangefarbenen Papierkorb brauchst? Oder einen violetten Stuhl?«

»Oh nein, ganz bestimmt nicht«, bremse ich meine neue Freundin. »Ich finde, wir brauchen jetzt gar nichts mehr. Sondern sollten dringend mit dem Streichen loslegen.«

An der Kasse wartet Mama schon mit ihrer Kreditkarte.

»Warum müssen sich Mädchen bloß immer so quietschbunt einrichten?«, grummelt der alte Mann, der hinter uns in der Schlange steht.

Was für ein spaßbefreiter Heini! Wie kommt er überhaupt dazu, unsere Einkäufe zu kommentieren?

»Es kann ja nicht jeder so einen stinklangweiligen Geschmack haben wie Sie«, werfe ich ihm noch an den Kopf, bevor wir gehen. Er starrt mir verblüfft hinterher. Ha! Dem hab ich's gezeigt! Was Mama wohl dazu sagt? Sie findet doch immer, ich hätte zu viel Selbstbeherrschung für mein Alter. Aber statt mir Applaus zu spenden, steuert sie schon auf den Ausgang zu und plaudert mit Giulia über Wandtattoos. Nun ja, vielleicht besser, dass sie den Zwischenfall nicht mitbekommen hat, sonst hätte sie womöglich eine endlose Diskussion mit dem alten Miesepeter über Gender-Vorurteile angefangen.

Auf dem Rückweg besorgen wir erst einmal einen Berg Cheeseburger, die wir noch während der Fahrt vertilgen. Zu Hause angekommen, können wir also sofort mit der Arbeit loslegen. Über eine Stunde geht dafür drauf, die Tür- und Fensterrahmen abzukleben. Das ist ziemlich eintönig, gibt uns aber die Möglichkeit, ein bisschen Small Talk zu machen. Manchmal ist es einfach besser, man redet über nichtssagende Dinge als über wichtige. Was wäre das für eine Freundschaft, wenn ich Giulias Lebensmotto kennen würde, aber nicht den Namen ihres Hundes?

Das Motto lautet übrigens »Wer was übrig lässt, ist selber schuld«. Und der Hund heißt Pizza. Hätte ich mir nicht besser ausdenken können.

Ich will ihr von meinem Hockeyteam erzählen. Oder dem Debattierclub. Und dem Orchester. Dann lasse ich es doch lieber bleiben. Wozu Salz in meine eigenen Wunden streuen? Das alles ist Vergangenheit. Nicht ganz so vergangen wie der Dreißigjährige Krieg, aber fast.

Stattdessen frage ich sie, ob sie gern ins Kino geht. Erfreulicherweise liebt sie Filme.

»Im Umkreis von zwanzig Minuten gibt es drei Kinocenter«, erklärt sie. »Im *Gloria* gibt es die meisten Säle, leider ist das Popcorn dort megateuer. Im *Zentral* sitzt man am bequemsten, die haben da riesige Kuschelsessel, nur laufen die richtig coolen Filme dort meistens gar nicht. Und im *Filmpalast* ist es zwar nicht ganz so schick, aber mir gefällt's. Und das Popcorn ist spottbillig!«

Während wir die Farbrollen schwingen und die Blümchentapete so nach und nach hinter Schneeweiß verschwinden lassen, tauschen wir uns über unsere Lieblingsfilme aus und stellen fest, dass wir bei unseren Top Five keinerlei Übereinstimmungen haben.

Giulias fünf Lieblingsfilme sind *Pitch Perfect, Das Schicksal ist ein mieser Verräter, Harry Potter und der Halbblutprinz, Titanic* und *Ziemlich beste Freunde.* Und meine sind *Die zwölf Geschworenen, Suspect – unter Verdacht, Wer die Nachtigall stört, Nuts ... Durchgedreht* und *Aus Mangel an Beweisen.*

»Waren das jetzt schon fünf? Mist, da fehlt noch *Erin Brockovich.*« Mensch, es ist ja wirklich ganz schön schwer, sich zu entscheiden.

»Erin WER?« Giulia hält inne, als müsste sie scharf überlegen, in welche Klasse die denn geht. Offenbar kennt sie die wichtigsten Gerichtsdramen der Filmgeschichte nicht. Und jetzt tropft ein bisschen Schneeweiß von der Malerrolle mitten auf ihre Nase, was irrsinnig komisch aussieht.

»*Erin Brockovich.* Das war eine total mutige Umweltaktivistin, die einen Riesenkonzern verklagt und gewonnen hat.

Und darüber gibt's einen Film. Das Plakat dazu habe ich vorhin übrigens für mein Zimmer gekauft.«

»Echt? Nie gehört«, meint Giulia wenig beeindruckt.

»Na ja, so ganz aktuell ist der nicht«, gebe ich zu. Und überhaupt haben die meisten meiner Lieblingsfilme schon so einige Jahre oder gar Jahrzehnte auf dem Buckel. Aber gut sind sie immer noch.

»Du hast recht, es ist unheimlich schwer, sich auf fünf zu beschränken«, nimmt Giulia den Faden wieder auf. »Bei mir wäre entweder *Tschick* auf Platz sechs oder *Wunder* oder *Fack Ju Göhte* oder *Wonder Woman*.«

Okay. Die sind alle nicht übel – aber maximal unter meinen Top Fifty.

»Kommt ihr gut voran?«

Unbemerkt hat Mama mein Zimmer betreten. Sie bringt uns Eistee und Kekse zur Stärkung.

»Ja, es wird immer schneeweißer hier«, antwortet Giulia. »Was sind eigentlich Ihre fünf Lieblingsfilme? Justine und ich haben offenbar einen total unterschiedlichen Geschmack.«

»Das verrate ich dir nur, wenn du aufhörst, mich zu siezen. Ich bin Lola, okay?«

»Sehr gern.«

»Also gut. Fünf Lieblingsfilme. Das ist gar nicht so leicht. Ich würde sagen, das sind *Grüne Tomaten*, *Titanic*, *Thelma und Louise*, *Erin Brockovich* und natürlich *Was Frauen wollen*.«

Giulia und ich müssen lachen und klatschen uns spontan ab.

»Was ist los?« Meine Mutter ist ein bisschen irritiert von unserer Reaktion.

»Je eine Übereinstimmung«, erkläre ich und schnappe mir einen Haferkeks. »Lecker!«

»Freut mich«, sagt Mama und wendet sich zum Gehen. »Ach übrigens, Giulia, du hast da was auf der Nase.«

Sofort läuft Giulia rüber ins Bad und inspiziert den Farbklecks. »Oh Mann, Justine, warum hast du nichts gesagt? Ich sehe ja aus wie ein koksender Clown!«

»Genau deshalb«, erwidere ich todernst, und wir prusten gleichzeitig los und können uns gar nicht mehr beruhigen.

An diesem Abend bauen wir mein Bett nicht mehr auf. Das muss bis morgen warten. Ich kann sowieso nicht in meinem Zimmer schlafen, denn das muss erst einmal gelüftet werden. Solange es dermaßen intensiv nach Farbe müffelt, bekäme ich hier Albträume!

Stattdessen übernachte ich im Wohnzimmer. Doch bevor ich ans Einschlafen denke, muss meine Mutter ihr Versprechen von letzter Woche wahrmachen: Ich darf das Programm bestimmen, und das sind mindestens zwei Folgen *Suits*. Ich hätte den Deal ja glatt vergessen, aber als sie vorhin *Was Frauen wollen* erwähnt hat, ist er mir wieder eingefallen.

Schade, dass Giulia nicht bleiben kann. Sie muss nach Hause, um auf ihre kleine Schwester Chiara aufzupassen. Manchmal ist es doch ganz praktisch, ein Einzelkind zu sein. Und eine Mutter wie meine zu haben.

07

Was heißt hier Trampel?

Am Montagmorgen wartet Giulia vor der Bäckerei auf mich und beißt gerade herzhaft in eine Zimtschnecke, als ich um die Ecke biege. Darauf hätte ich auch Lust, wenn ich nicht schon so satt wäre von den Cornflakes, die ich zu Hause gegessen habe. Jeden Tag beim Bäcker zu frühstücken ist leider ziemlich teuer, da wäre mein Taschengeld ruckzuck aufgebraucht. Für ESSEN! Statt für Bücher oder Klamotten …

»Hast du auch solchen Muskelkater in den Armen?«, begrüßt mich Giulia und setzt sich in Bewegung.

»Und wie! Ich bin kaum in mein T-Shirt reingekommen«, gebe ich zu. »Wer hätte gedacht, dass Streichen so anstrengend ist?« Sogar der Schulweg kommt mir heute länger vor.

»Schlimmer als Sport. Macht dafür mehr Spaß.«

Ich persönlich mag Sport eigentlich lieber, aber dadurch, dass Giulia dabei war, fand ich das Renovierungswochenende mindestens genauso cool wie ein Hockeyturnier.

Blöder Vergleich. Sofort sinkt meine Laune wieder, denn er erinnert mich an die Falkenburg und mein dortiges Team. Ob es in der neuen Schule wohl auch eine Hockeymannschaft gibt? Ich muss mich unbedingt mal danach erkundigen. So ganz ohne Training roste ich ja ein.

»Hey, träumst du?«

»Ähm – sorry. Ja, es hat großen Spaß gemacht, aber es war auch echt Arbeit. Danke noch mal, dass du so viel Zeit dafür geopfert hast. Das finde ich wirklich nett von dir.«

»Hab ich doch gern gemacht. Und die Arbeit hat sich auf jeden Fall gelohnt«, stellt Giulia zufrieden fest. »Dein Zimmer sieht jetzt schon richtig super aus, und wenn erst die restlichen Möbel da sind, wird es der Oberhammer!«

»Was ist der Oberhammer?«, will Marta wissen, die sich gemeinsam mit Joy zu uns gesellt. Wir stehen an unserem üblichen Treffpunkt auf dem Schulhof und genießen noch ein bisschen die Sonne, bevor es klingelt und wir reinmüssen.

»Wir haben mein Zimmer gestrichen«, erkläre ich.

»Warum hast du nicht Bescheid gesagt? Dann hätte ich auch geholfen«, sagt Joy. »Wir hätten 'ne richtige Party draus gemacht!«

»Und wären vermutlich nie fertig geworden«, lacht Giulia. »Aber Party ist ein gutes Stichwort, da hätte ich mal wieder Lust drauf.«

»Party, was für eine Party?«, mischt sich jetzt auch Celine ein. »Hat jemand von euch Geburtstag?«

»Noch nicht so bald. Aber wir finden schon einen Grund zum Feiern, und wenn wir uns einen ausdenken!«, ruft Giulia, denn sie muss den Gong übertönen. Dann klatscht sie uns der Reihe nach ab, bevor wir uns auf den Weg zum Eingang machen.

Ihr Muskelkater scheint vergessen zu sein. Und mein Heimweh nach dem Internat ist es auch fast. Giulia und ihre Clique machen es mir wirklich leicht, mich hier wohlzufühlen.

Vielleicht sollte ich eine Einweihungsparty geben? Andererseits ... Dann sehen alle das peinliche »Lolas Liebesschule«-Schild. Ich glaube, ich warte lieber noch, bis ich die anderen besser kenne. Giulia hat zwar keine blöde Bemerkung darüber gemacht – eigentlich gar keine, wie mir gerade aufgeht –, aber wer weiß, wie ihre Freundinnen drauf sind? Nachher werde ich noch zum Gespött der ganzen Schule. Nein, danke!

»Justine hat heute wohl ihre Strickmütze vergessen«, reißt mich ein unerwarteter Kommentar aus den Gedanken.

Wer hat das gesagt? Ich schaue mich unauffällig um, aber hier ist es gerade so voll, dass es im Grunde jeder gewesen sein könnte. Nur keines der Mädchen, dazu klang die Stimme zu tief.

Egal, ist ja nicht so wichtig. Erstaunlich nur, dass das überhaupt jemandem aufgefallen ist. Ich trage meine Beanie zwar oft, aber nicht täglich. Ist sie in den wenigen Tagen, die ich diese Schule jetzt besuche, etwa schon zu meinem Markenzeichen geworden? Seltsam. Und dabei bin ich nicht einmal scharf darauf, eins zu haben. Oder überhaupt in irgendeiner Form aufzufallen. Das ist nicht so mein Ding. Es reicht ja, wenn eine in der Familie gerne auffällt.

Ich lasse noch einmal meinen Blick schweifen, doch der Typ, der die Mützen-Bemerkung gemacht hat, ist vermutlich schon längst weg. Jedenfalls ist es gerade unmöglich, ihn zu identifizieren. Da klingelt es zum zweiten Mal. Mist, es wird Zeit, ins Klassenzimmer zu kommen!

Ich drehe mich wohl ein bisschen zu schwungvoll um – und remple gegen jemanden. Es ist einer der Jungs aus meiner Klasse. Laurin, wenn mich mein Gedächtnis nicht trügt.

Nein, Ole. Oder doch Colin? Vor lauter Renovieren bin ich noch nicht dazu gekommen, die Namen anhand von Giulias Foto zu üben.

»Sorry«, sage ich erschrocken.

»Schon okay.« Er klingt genervt. Trotzdem ringt er sich ein Lächeln ab. Ah, jetzt weiß ich's wieder: Das ist Lenny, oder wie Giulia ihn nennt: Grinse-Lenny. Er gehört zu der Klettergerüst-Clique, vor der sie mich so eindringlich gewarnt hat. Nun ja, da übertreibt sie wohl etwas. Er scheint jedenfalls ganz in Ordnung zu sein.

Doch als er sich abwendet, um weiterzugehen, macht er diesen Eindruck im Nullkommanix wieder zunichte. Denn ich höre laut und deutlich, wie er sagt: »Kann die nicht aufpassen? Was für ein Trampel.«

Hallo?

Trampel?

Ich hör wohl nicht recht. So eine Unverschämtheit! Wenn ich eins nicht bin, dann trampelig. Im Gegenteil, ich bin sportlich, habe ein gutes Körpergefühl und benehme mich im Allgemeinen überhaupt nicht tollpatschig. Dass ich mit Lenny – falls es Lenny ist – zusammengerauscht bin, war nichts weiter als ein blöder Zufall. Muss er da so einen dummen Spruch ablassen? Außerdem hätte er ja selbst besser aufpassen können. Eigentlich ist das Ganze sogar seine Schuld! Was für ein Blödmann …

In mir macht sich eine Wut breit, die sich ganz ungewohnt anfühlt. Sonst bin ich immer ziemlich beherrscht. Davon ist jetzt leider nichts mehr zu spüren. Seine Unhöflichkeit war wohl ansteckend.

»Sag's mir doch einfach ins Gesicht!«, fahre ich ihn an.

»Aber wenn man's genau nimmt, bist du *mir* in den Weg getrampelt, nicht umgekehrt, also solltest du dich lieber entschuldigen, statt mich anzumotzen.«

Er starrt mich nur verblüfft an, als wäre ich ein sprechendes Känguru, und verzieht sich auf seinen Platz.

Zornig und verwirrt zugleich starre ich ihm hinterher.

»Was ist denn los?«, fragt Giulia, als ich mich neben ihr hinpflanze. »Hast du etwa gerade einen Geist gesehen?«

Irgendwie stimmt das sogar. Meine Wut hat mich ganz schön erschreckt. So bin ich doch eigentlich gar nicht.

»Ach, ich hatte nur eine schräge Begegnung mit Lenny. Wusste gar nicht, dass der so ein Blödmann ist.«

»Lenny? Na ja, bisher dachte ich immer, von allen aus Timms Clique wäre er als Einziger einigermaßen okay.«

Ich ziehe eine Grimasse. »Irrtum. Er ist ein Vollhonk. Du hättest mal hören sollen, wie er mich beleidigt hat.«

Giulia schaut unauffällig über die Schulter. Lenny sitzt in der Bank schräg hinter uns.

»Er sieht aus, als hätte er ein furchtbar schlechtes Gewissen«, informiert sie mich.

Ich werfe nun auch einen Blick zu ihm rüber. Und drehe mich schnell wieder weg, denn er schaut zurück.

»Das war doch nicht so gemeint«, seufzt er.

Meint er etwa mich? Was ist das denn für eine Art, zu sagen, dass es ihm leidtut? So etwas sollte er mir ins Gesicht sagen, nicht quer durch den Klassensaal blöken.

»Damit hat er alles nur schlimmer gemacht«, sage ich zu Giulia. »Drei weitere Minuspunkte, würde ich sagen.«

»Minuspunkte? Wofür das denn?«

Oh Mann, jetzt steht sie aber echt auf dem Schlauch.

Ich will sie gerade aufklären, als Herr Raabe, unser Musiklehrer, den Saal betritt.

Die Musikstunde verläuft äußerst merkwürdig. Vor allen Dingen ist es wahnsinnig laut in der Klasse. Dieses permanente Gequatsche nervt so sehr, dass ich Schwierigkeiten habe, mich auf den Unterricht zu konzentrieren. Dabei interessiert mich das Thema total! Es geht um die Instrumentengruppen in einem Orchester, und da kenne ich mich natürlich richtig gut aus. Im Gegensatz zu den anderen, wie es aussieht, denn außer mir beteiligt sich niemand.

»Jetzt meldet sie sich *schon wieder*!«, ätzt jemand von rechts vorne. Das müsste Timm gewesen sein.

Kann ja nicht jeder so faul sein wie er! Ich kann mich nicht daran erinnern, ob er überhaupt schon mal einen sinnvollen Wortbeitrag geliefert hätte. Von seinen unqualifizierten Zwischenrufen einmal abgesehen.

Warum schreitet Herr Raabe denn bloß nicht ein? Letzte Woche kam er mir noch ziemlich streng vor. Ich dachte, Disziplin sei ihm wichtig. Heute allerdings lässt er zu, dass alle durcheinanderreden.

»Ja, Justine?«, ruft Herr Raabe mich jetzt auf, und ich beantworte ausführlich seine Frage nach den Holzblasinstrumenten.

»Blockflöte, Saxofon, Klarinette, Fagott, Oboe und Querflöte«, rattere ich herunter.

»Haha, ist die blöd!«, macht sich Ole über mich lustig. »Weiß doch jeder, dass ein Saxofon aus Metall ist.«

»Ja, aber darauf kommt es nicht an. Entscheidend ist, dass der Ton mithilfe eines Holzmundstücks oder eines Rohrblattes erzeugt wird«, kläre ich ihn auf.

»Danke für die Erläuterung – damit hast du meine nächste Frage schon vorweggenommen«, sagt Herr Raabe ein bisschen irritiert. Und etwas leiser fügt er hinzu: »Du bist wohl ein kleines Musikgenie.«

Ähm. Sollte das jetzt ein Lob sein? Ziemlich seltsamer Kommentar für einen Lehrer.

»Mal sehen, ob du das auch weißt«, schmunzelt er. »Trifft deine Erklärung denn auch auf die Querflöte zu?«

Ha! Das ist eine Fangfrage. Aber ich kann sie beantworten: »Nicht ganz. Das Kopfstück und die Mundlochplatte sind nicht aus Holz, sondern aus Metall, aber früher wurden Querflöten ausschließlich aus Holz gebaut. Außerdem wird der Ton nicht mit den Lippen erzeugt, wie bei Blech, sondern indem man über eine Kante bläst, und deshalb zählt man sie zu den Holzblasinstrumenten.«

»Die Frau ist ein Musik-Nerd«, staunt Lenny.

»Was für eine Streberin«, sagt sein Nebenmann. Laurin?

»Ziemlich uncool, so einen Mist zu wissen«, wiehert jemand von ganz hinten – aber laut genug, dass man es bis ganz vorne hört.

Herr Raabe ignoriert die Kommentare einfach. Unfassbar.

»Wer kann mir ein paar Blechblasinstrumente aufzählen?«, will er nun wissen.

Zögernd sehe ich mich um. Niemand meldet sich. Kann ich schon wieder? Ich hebe meine Hand, die Antwort ist klar: Trompete, Posaune, Horn, Tuba …

»Ich dachte ja, die Neue wäre cool. Aber wer sich für so einen Schrott interessiert, ist einfach nur peinlich«, kommt von vorne links.

Leute, was ist los mit euch?

»Die will sich ja bloß wichtigmachen«, blökt Timm.

Irritiert lasse ich meinen Arm sinken. Echt, so kommt meine Mitarbeit rüber? Ich interessiere mich nun mal für Musik. Schließlich spiele ich Querflöte. Aber auffallen will ich um keinen Preis. Vielleicht sollte ich mich lieber ein bisschen zurückhalten.

»Oh, gut«, atmet Herr Raabe auf. »Ich kann dich doch nicht ständig drannehmen.«

Der auch noch! Was ist denn das für eine Art, mit engagierten Schülerinnen umzugehen? Aber okay, hab schon verstanden. In Zukunft passiert mir das nicht mehr.

Als Nächstes haben wir Sport. Die Jungs gehen mit Herrn Schäfer ins Stadion und trainieren 1000-Meter-Lauf. Wir Mädchen bleiben in der Halle und machen unter der Aufsicht von Frau Bernhard rhythmische Sportgymnastik. Ich bin sicher, beim Lauftraining hätte ich mehr Spaß – und wäre auch deutlich besser. Immerhin bin ich ein ganzes Jahr lang jeden Morgen fünf Kilometer weit gejoggt. Das graziöse Rumgehüpfe mit Ball, Bändern und Reifen dagegen ist nicht so meine Kernkompetenz. Ich blamiere mich wahrscheinlich ganz fürchterlich. Zum Glück macht diesmal niemand eine blöde Bemerkung. Offensichtlich kommt es deutlich besser an, wenn ich mich bescheuert anstelle, als wenn ich mich mit Wissen hervortue.

Doch in den darauffolgenden Unterrichtsstunden läuft es wieder so verrückt wie vorhin in Musik: ständig dieses Geraune und Geflüster. Wenn ich mich umschaue, kann ich meistens nicht ausmachen, wer gerade gesprochen hat.

Irgendwann fällt mir auf, dass es dabei immer nur um mich geht. Um mein T-Shirt, meine Art zu reden, meine Haare, die Häufigkeit meiner Wortmeldungen, meine Freundschaft mit Giulia, meine Schuhe …

Und egal, wer uns gerade unterrichtet: Keiner der Lehrer spricht mal ein Machtwort. Sie ignorieren das Gerede einfach. Im Grunde ignorieren es *alle*! Sogar Giulia tut so, als wäre gar nichts.

»Das nervt doch total«, raune ich ihr zu.

»Wie – was meinst du?«, wispert sie zurück.

»Na, das ganze Gequatsche über mich.«

»Über dich? Du spinnst doch. Kein Mensch redet über dich. Das bildest du dir bloß ein.«

»Das kannst du doch nicht ernst meinen! Alle lästern heute über mich, und niemand scheint das schlimm zu finden, nicht mal die Lehrer. Ich versteh das einfach nicht.« Ich schlucke.

»Beruhig dich, Justine, hier wird überhaupt nicht gelästert! Alle mögen dich. Celine, Joy, Marta und die anderen finden dich echt super. Wie kommst du nur drauf, dass …«

»Was haben die Damen in der zweiten Reihe so Wichtiges zu bereden?«, unterbricht uns Herr Krause mit schneidender Stimme. Hey, warum ist unser Deutschlehrer auf einmal so streng? Auf die vielen blöden Kommentare über mich hat er doch auch nicht reagiert.

»Tut uns leid«, murmelt Giulia schuldbewusst.

Ich schweige. Ich sehe überhaupt nicht ein, warum wir jetzt wegen ein bisschen Geflüster angemacht werden, während meine Mitschüler quatschen können, so laut sie wollen.

»Mir tut es auch leid«, verkündet Herr Krause ernst, »aber wer den Unterricht stört, muss die Konsequenzen tragen. Ihr werdet beide bis zur nächsten Stunde einen Aufsatz über das Thema *Respekt* schreiben. Zwei Seiten Minimum.«

»Aber das ist unfair!«, rufe ich empört. »Die anderen waren viel lauter als wir.«

»Sei lieber still«, murmelt Giulia, während sie mir in die Seite boxt.

»Ich weiß nicht, was du meinst«, erwidert Herr Krause ungerührt, »aber auf lahme Ausreden fällt hier niemand rein. Noch ein Wort, und ich erhöhe die Strafe. Möchtest du das?«

Ich presse die Lippen zusammen und schweige.

»Das geschieht ihr ganz recht«, ruft ein Junge, den ich für Ole halte. »Diese Besserwisserin!«

Nicht zu fassen! Warum bekommt Ole für diese unverschämte Bemerkung keinen Tadel? Herr Krause überhört den Kommentar komplett.

»Bleib cool, Justine«, sagt Lenny.

Will er sich etwa auf diese Weise für seinen doofen Kommentar vor der ersten Stunde entschuldigen? Das kommt ziemlich überraschend. Aber es klingt irgendwie ehrlich. Als wäre er wirklich auf meiner Seite.

Ich kapier's gerade nicht: Leute, was ist hier eigentlich los?

08

Das darf doch nicht wahr sein …

Weil unsere Englischlehrerin krank ist, fallen die letzten beiden Unterrichtsstunden aus.

»Genial!«, freut sich Joy. »Ich hatte schon solche Angst, dass wir heute einen Vokabeltest schreiben. Dafür habe ich nämlich nicht gelernt. Glück gehabt!«

Ich finde es ein bisschen gemein, sich darüber zu freuen, dass jemand krank ist. Aber wenn ich ehrlich bin, bin ich ziemlich erleichtert, früher nach Hause zu dürfen. Keine Ahnung, ob ich diesen verkorksten Schultag bis zum Ende durchgestanden hätte. Tatsächlich hatte ich mir schon eine Ausrede überlegt, um abhauen zu können. Bauchschmerzen gehen immer. Das kann ich mir jetzt sparen. *Puh!* Ich bin sowieso eine verdammt schlechte Lügnerin, bestimmt hätte mir eh niemand geglaubt.

»Was ist, Justine, gehst du nun mit oder nicht?«

Giulias Frage kommt völlig unerwartet. Offenbar stellt sie sie nicht zum ersten Mal.

»Sorry, wovon redest du? Ich war wohl eben irgendwie … abwesend.«

»Wir wollen ein Eis essen«, hilft mir Celine auf die Sprünge. »Im *Dolce Gusto*, das ist hier um die Ecke. Bist du dabei?«

Ich liebe Eis. Sehr sogar, vor allem Pistazie und Erdbeere. Aber heute will ich einfach nur eins: allein sein. Niemanden sehen und schon gar nicht hören!

»Ein andermal gern, aber – mir geht's irgendwie nicht so prickelnd«, sage ich, und das ist nicht mal geschwindelt. Ich fühle mich wahnsinnig geschlaucht. Und mir schwirrt der Kopf.

»Eis ist die beste Medizin«, behauptet Giulia, »vor allem mit Schlagsahne. Komm schon, Justine, gib dir 'nen Ruck!«

Beim bloßen Gedanken an Sahne wird mir urplötzlich kotzübel. Ich schlage mir die Hand vor den Mund und stürme davon in Richtung Toilette.

Ein paar Minuten später verlasse ich die Kabine wieder, gehe mit zittrigen Knien zum Waschbecken, um mir den Mund auszuspülen, und werfe einen Blick in den Spiegel. Hätte ich besser nicht getan. Ich sehe aus wie ein Zombie. Kreidebleich und mit dunklen Ringen unter den Augen, als hätte ich eine durchwachte Nacht hinter mir.

Auf dem Schulhof wartet Giulia auf mich. Ihr mitleidiger Blick spricht Bände.

»Geht's wieder?«

Ich nicke.

»Na ja, ich muss dich wohl nicht noch einmal fragen, ob du deine Meinung geändert hast. Du siehst nicht aus, als hättest du Lust auf ein Eis oder auf *irgendwas* Essbares.«

Ich ringe mir ein Grinsen ab. »Nein, eher nicht.«

»Kommst du klar, oder soll ich dich begleiten?«

»Nicht nötig, bis nach Hause schaffe ich es auf jeden Fall.«

»Na ja, dann geh ich mal. Die anderen warten bestimmt schon. Gute Besserung.«

»Danke. Bis morgen.«

Sie drückt mich kurz, dann trabt sie davon, und ich mache mich ebenfalls auf den Weg.

Von Weitem sehe ich Lenny bei den Fahrradständern. Er ist gerade dabei, sein Rad abzuketten. Ausgerechnet der! Wenn ich noch langsamer gehe, fährt er vielleicht los, bevor ich dort vorbeimuss.

Dummerweise bringt mein Geschleiche rein gar nichts, denn Lenny scheint auf mich zu warten. Das hat mir gerade noch gefehlt.

»Hör mal, Justine, es tut mir echt leid, dass du dich heute Morgen so über mich geärgert hast. Ich weiß zwar nicht so genau, was ich dir getan habe, aber was auch immer es war: Sorry dafür.«

Na, der hat ja Nerven!

Wenn er nicht so nett lächeln würde, wär ich schon längst auf dem Absatz umgedreht. Aber immerhin sieht er ein, dass er vorhin Mist gebaut hat, also kann ich ihn wohl kaum stehen lassen. Dann wäre ich genauso unhöflich wie er vorhin.

»Oje, die sieht ja wirklich völlig fertig aus«, höre ich ihn sagen und will schon wieder aus der Haut fahren, als mir bewusst wird, dass sein Mund dabei fest geschlossen war. Eindeutig.

Ich schüttele den Kopf und kneife die Augen zusammen, als könnte ich die Bedeutung dessen, was da gerade passiert ist, damit verscheuchen.

Als ich die Augen wieder öffne, ist Lenny leider nicht verschwunden. Und seine Lippen bewegen sich noch immer nicht. Trotzdem höre ihn klar und deutlich: »Hoffentlich fällt sie nicht in Ohnmacht.«

Habe ich vielleicht Halluzinationen? Oder ist Lenny Bauchredner?

»Ich muss los«, stoße ich hervor und lasse ihn einfach stehen. Nur weg hier!

»Verdammt, ich muss vorhin laut gedacht haben, und jetzt hält sie mich bestimmt für einen Volltrottel«, ist das Letzte, was ich noch von Lenny höre.

Und ich weiß, dass er auch diesmal nichts gesagt hat.

Eins dagegen weiß ich leider nicht: WAS IST HIER LOS?

Meine Mutter ist noch im Kursraum zugange. Ich schnappe mir eine Flasche Wasser, gehe hoch in mein Zimmer und werfe mich auf das neue Bett.

Durchatmen!

Ich darf jetzt nicht durchdrehen. Bestimmt gibt es für alles, was vorhin passiert ist, eine vernünftige Erklärung. Es MUSS eine geben!

Aber welche?

Schritt für Schritt gehe ich die seltsamen Ereignisse des heutigen Vormittags noch einmal durch.

Oh Mann, das war vielleicht schräg! Erst Lennys blöde Trampel-Bemerkung, die mich so wütend gemacht hat. Dann das permanente Gequatsche während des Musikunterrichts. Und immer ging es um mich. Sogar unser Lehrer hat ein paar sonderbare Kommentare von sich gegeben, die genauso untypisch für ihn sind wie seine Geduld mit den Störenfrieden.

Im Sportunterricht, wo wir Mädchen unter uns geblieben sind, hat Ruhe geherrscht, aber in Deutsch ist es damit leider wieder vorbei gewesen. Während die Jungs erneut ungestraft über mich hergezogen sind, haben Giulia und ich für unser harmloses Flüstern eine Strafarbeit bekommen.

Und am Ende noch mal Lenny am Fahrradständer. Der geglaubt hat, er hätte laut gedacht und mich damit verärgert.

Hat er aber nicht.

Er hat einfach nur – GEDACHT. Ohne Ton.

Es gibt dafür nur eine Erklärung. Sie ist zwar nicht vernünftig, aber logisch: Ich kann Gedanken hören.

Oder ich bin einfach nur übergeschnappt. Was ich fast für wahrscheinlicher halte.

Ich drehe mich im Kreis. Wenn ich nicht sofort mit jemandem darüber reden kann, werde ich wirklich noch verrückt!

Soll ich Giulia anrufen? Hm. Lieber nicht. So gut kennen wir uns noch nicht. Ob sie mich überhaupt noch mag, wenn sie mich für einen Freak hält?

Tabea kommt erst recht nicht infrage. Von ihr habe ich seit der WhatsApp von letzter Woche nichts mehr gehört. Zugegeben, ich hätte ihr ja antworten können, aber ich war einfach zu verletzt von ihrer doofen Nachricht.

Bleibt nur ein Mensch auf diesem Planeten, mit dem ich offen reden könnte. Meine Mutter. Sie will doch immer meine beste Freundin sein und sagt ständig, ich könnte ihr alles anvertrauen. Okay. Heute ist der Tag, an dem ich ihr Freundinnenpotenzial auf die Probe stellen könnte.

Blöderweise platze ich mitten in eine Liebesschule-Lektion. Eine Gruppe von Frauen sitzt im Stuhlkreis, und alle halten seltsame Gegenstände in den Händen, die ich im ersten Moment für Pürierstäbe halte – und auf den zweiten Blick als überdimensional große Geschlechtsteile aus Plastik identifiziere.

Hilfe, kann ich bitte sofort erblinden?

Meine Mutter, die gerade einen Riesenpenis hochhält und offenbar dabei ist, seine diversen Funktionen zu erläutern, unterbricht ihren Vortrag und strahlt mich an.

»Hallo, Justine! Möchtest du am Kurs teilnehmen? Dann schnapp dir einfach einen Stuhl von da drüben und eine unserer Meditationshilfen.« Sie deutet mit dem Plastikgeschlechtsteil in die Ecke hinter der Tür. Dort stehen ein Stapel Stühle und eine Kiste voller Penisse. *Meditationshilfen?* Dass ich nicht lache!

»Bloß nicht!«, wehre ich ab. Am liebsten wäre ich jetzt unsichtbar. Wie konnte ich nur vergessen, was in diesen Räumlichkeiten abgeht? Bisher hatte ich ja nur so eine ungefähre Ahnung, aber jetzt werde ich die Bilder garantiert nie wieder aus dem Kopf bekommen …

Noch schneller, als ich hereingestürmt bin, trete ich den Rückzug an.

»Viel Spaß weiterhin«, rufe ich den Teilnehmerinnen noch zu, um nicht ganz so unhöflich zu wirken.

Zurück in meinem Zimmer, bin ich eigentlich ganz froh, dass meine Mutter keine Zeit für mich gehabt hat. Was hätte ich ihr denn sagen sollen? »Du, ich glaube, ich kann hören, was Jungs denken«, etwa? Das klingt doch wirklich zu bescheuert.

Wobei – meine Mutter wäre sogar imstande, das Ganze zu glauben. Einfach so. Ohne mit der Wimper zu zucken.

Womöglich würde sie sagen, das sei ja genauso wie neulich in dem Film, nur umgekehrt. Statt dass ein Mann wahrnehmen kann, was Frauen wollen, bin nun ich es, die hört, was das andere Geschlecht so denkt.

Oder war vielleicht doch alles nur Einbildung? Das kann doch gar nicht wahr sein …

Aber mal angenommen, es *wäre* tatsächlich real: Wo kommt diese ungewöhnliche Fähigkeit so urplötzlich her? Warum hatte ich sie nicht schon immer?

Ich versuche, mich an den Film zu erinnern. Der Held dieses Hollywood-Schinkens war so dumm, einen angeschlossenen Föhn in die volle Badewanne plumpsen zu lassen, erlitt einen Stromschlag, und seitdem …

Mir stockt der Atem.

Ein Stromschlag!

Ob der auch in meinem Fall der Auslöser war? Hat der Kugelblitz nicht nur Ohrensausen und ein bisschen Fieber verursacht, sondern mir auch einen sechsten Sinn beschert?

Ich überlege hin und her und schwanke zwischen zwei Erkenntnissen. Die erste lautet: *So muss es wohl sein.* Und die zweite: *Nie im Leben!* Beide erscheinen mir gleich unwahrscheinlich.

So komme ich keinen Schritt weiter.

Vielleicht gibt's Fälle wie meinen ja noch öfter? Ich mache mein Notebook an und google den Suchbegriff »Gedanken hören«.

Dreizehneinhalb Millionen Treffer.

Bis ich die alle gelesen habe, bin ich siebenunddreißig! Mindestens.

Ich klicke die ersten paar Links an, die mir einigermaßen seriös erscheinen, und fange an zu lesen. Und lese. Und lese …

Das ist ja alles hochinteressant. Da steht, dass Menschen, die ihre Umwelt sehr aufmerksam wahrnehmen und sich mit Körpersprache einigermaßen auskennen, oft ganz gut interpretieren können, was ihre Mitmenschen gerade empfinden. Besonders hochsensitive Menschen sind extrem begabt darin.

Klingt plausibel. Aber zu raten, was in jemandem womöglich vorgeht, ist etwas VÖLLIG ANDERES, als seine Gedanken zu hören – so klar vernehmbar, als würde er ganz normal sprechen.

Ich konzentriere mich jetzt auf die Websites, in denen es genau darum geht. Offensichtlich gibt es durchaus Menschen, die von solchen Erfahrungen berichten. Die meisten sind allerdings psychisch krank oder drogensüchtig. Solange Schokolade nicht als Droge zählt, bin ich jedoch absolut clean. Und bisher habe ich mich durchaus für geistig gesund gehalten.

Irgendwann kommt meine Mutter rein und schlägt vor, was beim Chinesen zu bestellen. Ist es wirklich schon halb zwei? Wahnsinn. Und erstaunlicherweise bin ich total hungrig. Hätte ich gar nicht gedacht, nachdem mein Magen vorhin so rebelliert hat.

»Chicken Curry wäre super«, erwidere ich.

»Wunderbar, ist notiert.« Mama wendet sich wieder zum Gehen. Dann hält sie inne. »Ach, übrigens – was wolltest du vorhin eigentlich von mir?«

Für ein paar Sekunden stehe ich auf dem Schlauch. Dann fällt mir mein peinlicher Blitzbesuch im Kursraum ein.

»Nichts Besonderes«, behaupte ich und wende mich wieder dem Notebook zu.

»Sicher? Denn weißt du, Liebes, du kannst mit mir über alles reden, wirklich alles. Da gibt es überhaupt keine Tabus. Also raus mit der Sprache: Hast du dich verliebt? Brauchst du Tipps in Sachen Verhütung? Oder …«

»Mama, hör auf! Nein, nichts davon. Ich wollte einfach nur nachsehen, wo du steckst. Ob du schon Feierabend hast und so.«

»Ernsthaft? Sonst war nichts?« Sie stemmt die Hände in die Seiten und legt den Kopf schief. Das tut sie nur, wenn sie mir nicht glaubt. Also sehr, sehr selten.

Okay, auf meine lahme Ausrede ist sie also nicht hereingefallen. Die Wahrheit will ich ihr aber auf keinen Fall sagen. Zumal ich inzwischen selbst bezweifele, dass ich irgendwelche übersinnlichen Fähigkeiten habe. Das gibt es ebenso wenig wie Kugelblitze. Wie habe ich mich nur in diese Wahnvorstellung hineinsteigern können?

»Komm schon, Justine. Was ist los?«

Ich fasele das Erstbeste, das mir in den Sinn kommt: »Na ja, ich muss einen Aufsatz über das Thema *Respekt* schreiben und wollte deine Meinung darüber wissen. Was fällt dir dazu ein? Wie wichtig findest du Respekt? Und warum?«

Meine Mutter macht ein nachdenkliches Gesicht.

»Ich spreche mit jedem gleich, egal, ob es sich um den Müllmann oder den Präsidenten der Universität handelt«, sagt sie nach einer Weile.

Woher kennt Mama denn den Präsidenten der hiesigen Uni?

»Das gefällt mir«, sage ich. »Du meinst also, dass jeder Mensch den gleichen Respekt verdient. Unabhängig von Reichtum oder Rang. Das ist wirklich gut!«

»Ja, finde ich auch. Aber das ist nicht von mir, sondern von Albert Einstein. Und der war immerhin ein Genie.«

»Cool! Ich glaube, ich fange meinen Aufsatz einfach mit diesem Zitat an.«

»Sehr gut. Dann leg mal los. Und ich gebe jetzt die Essensbestellung auf.«

Das Chicken Curry ist superlecker. Nach dem Essen helfe ich meiner Mutter in der Küche, und wir reden über Belanglosigkeiten. Also weder über laute Gedanken noch über Plastikgeschlechtsteile. Danach gehe ich nach oben und schreibe meinen Aufsatz zu Ende. Die Worte fließen mir regelrecht aus den Fingern. Als ich den Punkt hinter den letzten Satz setze, bin ich hundemüde. Es ist zwar erst früher Abend, aber ich glaube, heute gehe ich einfach mal früh ins Bett.

Obwohl ich total k.o. bin, fällt es mir schwer, einzuschlafen. Immerhin kann ich die Decke anstarren.

Und grübeln.

Inzwischen kommt es mir einfach nur absurd vor, dass ich vorhin tatsächlich geglaubt habe, Gedanken hören zu können. Vermutlich haben mich der Umzug und der Schulwechsel ganz schön verwirrt.

Und was meine … Sinnesverwirrung betrifft: Dafür gibt es bestimmt doch eine rationale Erklärung. Wahrscheinlich hatte ich einen Hörsturz. Oder mir ist heute Morgen beim Duschen ein bisschen Wasser ins Ohr gekommen, und das rauscht eben manchmal. Tja, und in meiner übergroßen Fantasie habe ich dieses Rauschen irgendwie als Satzfetzen wahrgenommen.

Ja, so muss es sein.

09

Auch das noch!

Mir graut vor dem nächsten Schultag! Dennoch bin ich schon in aller Frühe wach. Im ersten Moment will ich mich einfach umdrehen und die Wärme meines gemütlichen Bettes noch ein bisschen genießen. Doch dann fällt mir alles ein – und sofort fahren die Gedanken in meinem Kopf wieder Achterbahn:

Bin ich etwa dabei, durchzudrehen?

Habe ich übersinnliche Fähigkeiten?

Oder war das alles nur ein schräger Traum?

Nach einer Viertelstunde halte ich es nicht mehr aus, schlage die Decke zurück und schwinge mich aus dem Bett. Schluss mit dem Gegrübel! Ich muss unbedingt den Kopf freikriegen. Und das funktioniert am allerbesten beim Laufen.

Also ziehe ich meine Joggingsachen an, lege Mama einen Zettel auf den Küchentisch, stecke Handy und Schlüssel ein und mache mich auf den Weg.

Obwohl ich mich hier immer noch nicht sonderlich gut auskenne, laufe ich einfach los, ohne mir Gedanken über eine geeignete Strecke zu machen. Was soll schon passieren? Wenn ich eine halbe Stunde lang geradeaus jogge und dann umkehre, kann ich mich ja wohl unmöglich verirren.

Nach ein paar Minuten finde ich meinen Rhythmus und steigere mein Tempo ein bisschen. Es tut gut, sich mal wieder so richtig auszupowern!

Unterwegs komme ich durch ein Wohngebiet, eine Geschäftsstraße und ein Gewerbegebiet. Ein Park wäre zwar schöner, aber egal – ich genieße die frische Morgenluft und vor allem die herrliche Ruhe. Keine Stimmen im Kopf!

Unter der Dusche achte ich diesmal ganz besonders darauf, kein Wasser in die Ohren zu kriegen. Nicht, dass das mit den seltsamen Störgeräuschen noch schlimmer wird.

Falls es welche sind.

Heute trage ich auf jeden Fall wieder meine Beanie-Mütze, und das nicht nur aus modischen, sondern vor allem aus taktischen Gründen. Denn darunter kann ich meine In-Ear-Kopfhörer verstecken, die Kabel werden von meinen Haaren verdeckt. Die Playlist auf meinem Handy besteht aus lauter Lieblingssongs von Ed Sheeran, Rita Ora, Andra, Bruno Mars und Maroon 5, die mich ablenken und beruhigen. Und die vor allem all das übertönen, was ich nicht hören sollte, weil es eigentlich unhörbar ist.

»Willst du nicht vernünftig frühstücken?«, fragt Mama, als ich mir nur einen Apfel schnappe, um ihn unterwegs zu essen.

»Keine Zeit, bin spät dran«, erwidere ich. Tatsächlich bin ich sogar so spät, dass ich mich richtig beeilen muss, wenn ich noch halbwegs pünktlich kommen will.

Als ich an der Schule ankomme, hat es sogar schon zum ersten Mal geklingelt. Vermute ich jedenfalls, denn alle strömen auf den Eingang zu. Schnatternd und lachend, wie es aussieht.

Der Kopfhörertrick funktioniert – ich höre kein Wort. Und keine Gedanken.

Doch mit dem Unterrichtsbeginn ist auch die Ruhe vorbei. Kaum ziehe ich die Kopfhörer unauffällig aus den Ohren und lasse sie verschwinden, haut mich das Getöse im Klassenraum schier um. Ich verstehe kaum Giulias Begrüßung, obwohl sie direkt neben mir sitzt. Eigentlich lese ich ihr »Hi, Justine, bist du wieder fit?« nur von den Lippen ab. Was ich stattdessen höre, ist ein unerträgliches Stimmengewirr. Zu wissen, dass es nur in meinem Kopf existiert, macht die Sache kein bisschen besser.

Giulia starrt mich fragend an. Stimmt, sie wartet ja noch immer auf meine Antwort.

»Alles wieder gut«, sage ich schnell.

»Hey, warum brüllst du denn so?«

»Ich brülle doch gar nicht.«

»Oh Mann, die hat ja vielleicht ein lautes Organ«, kommt es von links. Dort sitzt Ole, und ich weiß auch ohne hinzusehen, dass sich seine Lippen nicht bewegt haben.

Vorhin habe ich mir noch eingeredet, das Ganze sei vielleicht doch nur Einbildung. Jetzt weiß ich: Nein, ist es definitiv nicht. Im Gegenteil: Alles kommt mir noch viel schlimmer vor als gestern.

In Extremfällen sind Notlügen erlaubt, oder? »Ich hab beim Duschen Wasser ins Ohr bekommen und bin ein bisschen taub, deshalb rede ich manchmal lauter, als mir bewusst ist«, raune ich Giulia zu, weil unser Mathelehrer gerade das Klassenzimmer betritt und ich keine Lust auf eine weitere Strafarbeit habe.

Herr Richard fängt an, im rasanten Tempo eines spanischen Fußballmoderators über Winkelfunktionen zu reden, wovon ich auch im Normalfall nur Bahnhof verstehen würde. Heute sowieso. Denn sein Redeschwall ist nur eine Tonspur von vielen, die völlig chaotisch durcheinandergehen. Es ist extrem anstrengend, daraus überhaupt etwas halbwegs Sinnvolles herauszuhören. Aber ich muss es versuchen, wenn ich nicht wahnsinnig werden will!

Statt auf Mathe konzentriere ich mich also vollkommen auf die Gedankenfetzen meiner Mitschüler. Mit der Zeit schaffe ich es, einzelne Stimmen herauszufiltern.

Zu meiner Überraschung handelt es sich zum Großteil um Kommentare über meine Frisur, meine Jeans und mein gestriges Unwohlsein. Was mich ziemlich wundert, denn meine Haare sehen aus wie immer, die Jeans sind total unspektakulär geschnitten und mein Unwohlsein ist Schnee von gestern.

Schon interessant, wie die Jungs so ticken. Darüber also denken sie nach? Über solche Belanglosigkeiten? Ist ja ein Ding. Ich unterdrücke ein Grinsen.

Zum Glück gelingt es mir, mich insgesamt unauffällig zu benehmen und auf keinen der hörbaren Gedanken in irgendeiner Form zu reagieren. Denn das hätte nur die Aufmerksamkeit des Lehrers auf mich gezogen. Und das will ich unbedingt vermeiden!

»Na wenigstens scheint es ihr besser zu gehen. Hab mir echt Sorgen gemacht«, höre ich gerade. Das müsste Lenny sein. Klingt fast so, als meinte er das ernst. Oder ist es doch Sarkasmus? Man muss jemanden schon richtig gut kennen, um das immer so genau unterscheiden zu können.

In der Fünfminutenpause verschwinde ich auf der Mädchentoilette – einfach nur, um zu entspannen. Puh. Endlich Ruhe.

In Französisch schreiben wir einen Test, und ich bin so geistesgegenwärtig, die Lehrerin zu fragen, ob ich meine Kopfhörer tragen darf, um mich besser konzentrieren zu können. Madame Leblanc ist ziemlich jung und wirkt für eine Lehrkraft recht cool, daher wage ich das überhaupt. Sie überzeugt sich davon, dass ich keine Lernhilfen gespeichert habe, sondern einfach nur Musik, und erlaubt es. Was für ein Glück!

Meine Erleichterung verfliegt allerdings sofort, als ich lese, was auf den Aufgabenblättern steht, die Madame Leblanc für uns vorbereitet hat. Das könnte ebenso gut Chinesisch sein! Du liebe Zeit, ich verstehe kein Wort. Die scheinen dem Internat hier im Stoff um Lichtjahre voraus zu sein.

Ich atme tief durch. Wenn ich wenigstens verstehen würde, worum es geht, könnte ich vielleicht improvisieren.

Okay, es scheint sich um eine Übersetzungsaufgabe zu handeln. Vom Französischen ins Deutsche. Vielleicht kenne ich den Text ja und kann mir das meiste zusammenreimen?

Offenbar ein Songtext. Von jemandem namens Zaz.

Wer in aller Welt ist Zaz?

Egal. Das Lied, um das es geht, heißt jedenfalls *Je veux*. Das ist leicht! »Ich will«, schreibe ich als Überschrift hin. Doch damit hat sich's dann auch schon. Ich kenne zwar einige Vokabeln, aber es gelingt mir nicht, sie in einen halbwegs einleuchtenden Zusammenhang zu setzen.

Ich schaue mich unauffällig um. Alle anderen scheinen keineswegs schockiert zu sein, sondern fangen ungerührt an zu schreiben.

Was tun? Ich könnte versuchen, bei Giulia abzuschreiben, aber Madame Leblanc beobachtet uns alle mit größter Wachsamkeit. Mit vor der Brust verschränkten Armen steht sie neben dem Lehrerpult und mustert unentwegt jeden Einzelnen von uns. Auch wenn das rein praktisch gar nicht möglich ist, so macht sie doch jedenfalls den Eindruck.

Entnervt ziehe ich die Kopfhörer aus den Ohren. Jetzt stört mich sogar schon die Musik!

Sofort sind sie wieder da, die Stimmen. Alle gleich laut, alle gleich durcheinander. Nichts ergibt einen Sinn.

Ich schließe die Augen und halte mir die Ohren zu, als könnte ich die übersinnlichen Wahrnehmungen vertreiben, indem ich die normalen ignoriere.

Es bringt nichts, also kann ich auch ebenso gut wieder hinsehen und zuhören.

Seltsamerweise gewinnt jetzt eine Stimme die Oberhand. Ich erkenne sie sofort. Wieder ist es Lenny. Zum Glück kann ich diesmal wenigstens etwas mit seinen Gedanken anfangen – denn dabei handelt es sich um die Übersetzung des Songs! Na, wunderbar! Eilig schreibe ich mit: *Gebt mir eine Suite im Ritz, ich will sie nicht ...*

Ich werfe einen kurzen Blick zu ihm rüber und stelle fest, dass er vor Konzentration die Stirn runzelt und sich auf die Unterlippe beißt, was ziemlich süß aussieht. Doch was mir vor allem auffällt, ist, dass er das mit dem Übersetzen voll draufhat. Da kommt man ja kaum hinterher. Er ist irre schnell. Jetzt kritzele ich schon den Refrain hin: *Ich will Liebe, Freude, Fröhlichkeit. Euer Geld macht mich nicht glücklich …*

Cooler Text. Ich nehme mir vor, den Song zu meiner Playlist hinzuzufügen – auch wenn ich keine Ahnung habe, wie er klingt.

Ich werde nicht ganz fertig, doch als Madame Leblanc erbarmungslos die Arbeitsblätter einsammelt, bin ich immerhin so weit, dass ich mir keine Sorgen machen muss, eine Fünf oder Sechs geschrieben zu haben. Vielleicht wird es sogar besser als eine Vier! Was man unter diesen erschwerten Voraussetzungen durchaus als Erfolg werten könnte.

Irgendwie kriege ich auch die folgenden Stunden rum. In den Pausen verziehe ich mich mit Giulia und den anderen in eine Ecke des Schulhofs, wo wir ungestört sind. Und während des Unterrichts stecke ich mir, wann immer es nicht auffällt, die Kopfhörer in die Ohren. Und wenn das nicht möglich ist, versuche ich, die Stimmen irgendwie zu ertragen.

Dann, endlich, ist Schulschluss, und wir packen unsere Sachen zusammen.

»Laufen wir wieder gemeinsam nach Hause?«, schlägt Giulia vor. »Dann kannst du mir erzählen, was mit dir los ist. Ich kenne dich zwar erst seit Kurzem, aber du wirkst … verändert. Irgendwas scheint dich zu beschäftigen. Willst du darüber reden?«

Okay. Das ist direkt. Doch ich mag Giulias unverblümte Art – mit einer klaren Ansage komme ich besser klar als mit scheinheiligem Getue.

»Mit mir ist alles in Ordnung«, behaupte ich, und mir ist

klar, dass in diesem Moment *ich* die Scheinheilige bin. Trotzdem finde ich es besser, wenn das mit dem Gedankenhören mein ganz privates Ding bleibt. »Klar, wir gehen zusammen. Wartest du auf mich? Ich muss noch eben die Tafel abfotografieren. Bin einfach nicht hinterhergekommen mit dem Abschreiben.« Weil mich die Kommentare der Jungs total durcheinandergebracht haben.

»Klar, mach mal.« Wenn nur alle so entspannt wären wie Giulia!

Ich knipse schnell die Physikregeln und Aufgaben, die auf der Tafel stehen, dann bin ich abmarschbereit. Und extrem erleichtert darüber, dass ich jetzt nach Hause kann und die Stimmen zumindest bis morgen früh los bin. Solange kann mir nichts passieren.

Denke ich.

Doch dann wird mir bewusst, dass es Dinge gibt, die noch nerviger sind, als wirre Gedanken zu hören.

Genauer gesagt: Es gibt *jemanden*, der mir etwas Schlimmeres antun kann. DIE mir das antun kann.

Meine Mutter.

Und das, indem sie nichts weiter macht, als mich abzuholen. Was natürlich völlig überflüssig ist, denn der Fußweg ist wirklich kurz und das Wetter trocken und mild. Dennoch steht sie da mit ihrem Wagen.

Hätte sie das mal lieber neulich getan, als ich mit meinem schweren Gepäck am Bahnhof angekommen bin. Und nicht heute, wo ihr Auto offensichtlich frisch vom Beschriftungsstudio kommt: In knallroten Buchstaben steht »Lolas Liebesschule« auf allen Seiten.

Ich würde am liebsten im Boden versinken. Warum kann meine Mutter nicht einfach Floristin sein? Oder Juristin!

Zum Glück ist Giulia bei mir, und sie tut netterweise so, als wäre so ein Liebesschulen-Mobil völlig normal. Überhaupt nicht erwähnenswert.

Leider ist sie nicht die Einzige, die es sieht. Unsere halbe Klasse latscht gerade vorbei und begutachtet das Auto meiner Mutter. Es ist kaum zu ertragen. Wenn das Wort »Liebesschule« in haushohen, flammenden Buchstaben auflodern würde, könnte das kaum auffälliger sein. Mit anderen Worten: Es ist perfektes Lästermaterial. Ich bin geliefert! Die anderen stecken schon die Köpfe zusammen und fangen an zu tuscheln. War ja klar.

»Fährst du mit?«, schlage ich Giulia vor, denn ich will nur eins: möglichst schnell von hier verschwinden.

»Okay«, sagt sie, und noch bevor sie das ausgesprochen hat, reiße ich die Hintertür auf und schiebe sie hinein.

Ich merke erst, dass ich vor lauter Anspannung die Luft angehalten habe, als Mama den Wagen startet und ich weiteratme.

Endlich biegen wir um die Ecke, und ich kann mich ein bisschen entspannen. Meine Mutter fragt, wie der Schultag war, und zum Glück antwortet Giulia an meiner Stelle. Ich hätte echt nicht gewusst, was ich sagen soll.

»War ganz okay. Schule eben. Wenn nur der Unterricht nicht wäre ...«

Mama lacht. »Die Pausen sind immer viel zu kurz, oder?«

»Stimmt genau. Vor allem, wenn man viel zu bequatschen hat«, sagt Giulia.

»Ich finde es toll, dass Justine hier so schnell Freundinnen gefunden hat. Ihr seid eine ganze Clique, oder?«

Worauf will meine Mutter hinaus?

Giulia gibt bereitwillig Auskunft: »Ja – da wären Marta, die immer für gute Laune sorgt, unser Superhirn Janne, außerdem die harmoniesüchtige Frieda, Celine, die mal Sängerin werden will, und die Sportskanone Joy.«

Echt, Celine singt? Wusste ich noch gar nicht. Und was den Sport betrifft, sollte ich mich vielleicht mal mit Joy unterhalten. Vielleicht hat sie Lust, mit mir joggen zu gehen?

»Wie wär's, Justine: Möchtest du deine neuen Freundinnen nicht mal einladen?«, schlägt meine Mutter unvermittelt vor.

Darüber habe ich ja selbst schon mal nachgedacht, war mir aber nicht so ganz sicher, ob das eine gute Idee ist. Andererseits: Die Sache mit der Liebesschule ist seit eben ja wohl kein großes Geheimnis mehr. Die Katze ist aus dem Sack. Also ist es im Grunde egal, wenn die Mädels das »Lolas Liebesschule«-Schild am Eingang sehen. Im Vergleich zur Autobeschriftung ist es regelrecht dezent.

»Warum nicht?«, murmele ich so mittelbegeistert, denn ich ahne schon, dass sich meine Mutter bei der Planung einmischen wird. Und dass ihre Vorstellung davon, wie eine nette Einweihungsparty mit Freundinnen laufen soll, sehr speziell sein könnte.

Tatsächlich: »Ich hab da auch schon eine Idee«, verkündet sie.

Mir wird ganz mulmig zumute.

»Habt ihr Lust auf einen kostenlosen Pole-Dance-Kurs?«

Himmel! Peinlicher geht's ja echt nicht mehr!

Giulia findet den Vorschlag allerdings richtig cool. »Das ist ein tolles Ganzkörper-Workout«, sagt sie, als wäre erotischer Stangentanz das Normalste von der Welt für eine Fünfzehnjährige. »Übrigens kannst du mich gleich dort drüben rauslassen.«

»An der Pizzeria *Ancona*?«

»Jepp. Die gehört meinen Eltern.«

»Die müssen wir ausprobieren!«, beschließt meine Mutter und stellt prompt den Wagen ab. »Ich hab einen Bärenhunger.«

Manchmal hat sie ja doch ganz gute Ideen.

10

Manchmal muss man eben nachhelfen ...

»Man kann sich an alles gewöhnen«, sagen Erwachsene manchmal. Meistens, wenn es um etwas so Widerliches wie Sauerkraut oder etwas Unangenehmes wie Duschen mit kaltem Wasser geht.

Ich habe da bisher nie dran geglaubt. Und zumindest für Sauerkraut und kaltes Duschwasser gilt das auch nach wie vor. Aber zu meinem allergrößten Erstaunen gewöhne ich mich mit der Zeit tatsächlich an die hörbaren Gedanken meiner Mitschüler! Genauer gesagt, gewöhne ich mich daran, ihnen aus dem Weg zu gehen. Und das klappt ganz gut – mithilfe meiner Kopfhörer und voller Konzentration auf das, was ich tatsächlich hören möchte.

Mittlerweile gelingt es mir, durch das Getöse von Timm, Lenny, Ole und den anderen Jungs hindurch dem Unterricht zu folgen oder leise mit Giulia zu flüstern. Ich werde auch täglich besser im Lippenlesen!

Aber das Ganze ist irrsinnig anstrengend. Nach der Schule fühle ich mich so ausgelaugt wie eine Simultandolmetscherin nach einem Gipfeltreffen.

Wenn ich nach Hause komme, muss ich mich erst einmal hinlegen und ein Nickerchen machen. Und auch sonst nutze ich jede Gelegenheit, zwischendurch mal abzuschalten.

Als wir am Mittwoch eine Freistunde haben, weil unsere Englischlehrerin immer noch krank ist, überlege ich ernsthaft, mich in einen der abgelegeneren Waschräume zu verziehen. Auch wenn es garantiert gemütlichere Orte gibt, um ein bisschen zu entspannen. Doch der Plan scheitert ohnehin, denn natürlich gelingt es mir nicht, unauffällig zu verschwinden. Giulia hat nämlich bereits andere Pläne:

»Lasst uns in die Cafeteria gehen und einen Kakao trinken«, schlägt sie vor und hakt sich bei mir unter.

»Ähm – ich habe eigentlich überhaupt keinen Durst«, versuche ich mich rauszureden, denn mir graut schon vor dem Stimmengewirr, das mich dort erwartet. Dem realen, das schon laut genug ist, und dem zusätzlichen, das nur ich hören kann.

»Du musst ja nichts trinken, setz dich einfach zu uns. Wir hängen einfach ein bisschen ab, okay?«

Ähm – na ja, genau das will ich ja vermeiden! Denn wir werden natürlich nicht die Einzigen sein, die dort abhängen. Und alle Jungs werden mich mit ihren nervigen Gedanken bombardieren …

»Also ich klinke mich ebenfalls aus«, sagt jetzt auch Janne, »ich gehe in die Bibliothek. Habt ihr denn schon alle entschieden, was ihr bei der Buchvorstellung nächste Woche präsentiert?«

Oh, stimmt ja. In Deutsch soll nächste Woche jeder eines seiner Lieblingsbücher vorstellen. »Und vorher lesen«, hat Herr Krause extra betont und dabei ein paar von uns besonders streng angeschaut. »Eine Wikipedia-Zusammenfassung kommt nicht infrage, und die Klappentexte reichen auch nicht aus. Ich will eure persönlichen Leseeindrücke hören.«

Einige haben nach dieser Ansage theatralisch gestöhnt, vor allem Timm und seine Kumpel. Hätte mich auch sehr gewundert, wenn diese Typen Bücherfans wären.

Andererseits bin auch ich schon lange nicht mehr zum Lesen gekommen. Irgendwie hatte ich so viel anderes um die Ohren. Den Umzug, den Schulwechsel, die Sache mit Mamas blöder Liebesschule, nicht zu vergessen den Kugelblitz mit seinen verheerenden Auswirkungen.

Aber eigentlich hätte ich echt Lust, mal wieder einen richtig dicken Schinken zu lesen. Dabei tauche ich immer total ein in die andere Welt, die da beschrieben wird. Das wäre also ideal, um das Chaos, das meine Realität gerade beherrscht, für ein paar Stunden zu vergessen.

Die letzten Bücher, die mich so richtig gefesselt haben, waren *Die Tribute von Panem* und die *Silber*-Trilogie. Natürlich könnte ich etwas davon präsentieren. Das wäre die leichteste Lösung. Aber auch irgendwie langweilig. Vielleicht würde es mir ja Spaß machen, ein neues Lieblingsbuch zu finden und es so zu beschreiben, dass auch andere davon begeistert sind?

»Ich komme mit«, beschließe ich spontan, denn ich habe auf einmal richtig Lust auf frisches Lesefutter.

Und die Wahrscheinlichkeit, in der Bibliothek irgendwelchen Jungs zu begegnen, die mich mit ihren seltsamen Gedanken verwirren, ist relativ gering. Wenn, dann sind es

Buch-Nerds, die mir ohnehin keine Aufmerksamkeit schenken und deren Grübeleien ich daher auch höchstens als leises Gemurmel wahrnehme.

»Ihr könnt ja noch nachkommen«, meint Giulia gut gelaunt und zieht mit Celine, Marta, Frieda und Joy los in Richtung Cafeteria, während Janne mich zur Bibliothek lotst, die ganz oben unter dem Dach der Schule untergebracht ist.

Mit ihren zahlreichen Dachflächenfenstern ist sie wunderbar hell und dank der sichtbaren Holzbalken auch echt gemütlich. Doch die vielen Treppenstufen bis hinauf in die vierte Etage scheinen die meisten Schüler abzuschrecken, denn wir sind, wie es aussieht, die Einzigen hier.

Janne muss einen ganzen Stapel Bücher abgeben, die sie ausgelesen hat. Ich suche derweil schon mal das Regal mit den aktuellen Jugendromanen und durchstöbere es. Die Auswahl ist ziemlich groß, und auf Anhieb finde ich mindestens eine Handvoll Titel, die mir garantiert gefallen würden. Aber für die Buchvorstellung nächste Woche muss ich mich für eins entscheiden. *Schlaft gut, ihr fiesen Gedanken* von John Green kommt in die engere Wahl, ebenso *Aquila* von Ursula Poznanski. Der Text auf der Rückseite macht wahnsinnig neugierig. Das scheint superspannend zu sein.

»An deiner Stelle würde ich die fiesen Gedanken nehmen«, sagt Janne, die auf einmal neben mir steht, »das ist deutlich dünner. Schließlich ist nicht mehr allzu viel Zeit bis zur Buchvorstellung. Ich habe selbst schon überlegt, es zu nehmen.«

Damit ist die Entscheidung gefallen. »Hier, du kannst es haben«, sage ich. »Viele Seiten machen mir nichts aus. Wenn ich mal anfange zu lesen, höre ich so schnell nicht mehr auf. Das Buch schaffe ich locker an einem Wochenende.«

»Oh, cool«, freut sich Janne und trabt mit dem John-Green-Buch rüber zur Ausleihe.

»Ich komme später nach«, rufe ich ihr hinterher. »Hier ist es so schön ruhig, und ich will gleich mal reinlesen.«

Schon die ersten Sätze von *Aquila*, die ich noch im Gehen quasi inhaliere, fesseln mich direkt. Ich verziehe mich in die Sitzecke, und sofort ist alles um mich herum vergessen.

Irgendwann stelle ich überrascht fest, dass ich schon auf Seite neunzehn angekommen bin, und schaue erschrocken auf die Uhr. Zum Glück ist noch genug Zeit bis zum Beginn der nächsten Stunde, vorher haben wir noch große Pause. Also kann ich ganz in Ruhe zusammenpacken und mir das Buch offiziell ausleihen. Die Bibliothekarin versieht es mit dem Stempel des spätesten Rückgabedatums. Die Ausleihfrist beträgt zwei Wochen, so lange werde ich bestimmt nicht brauchen.

Gerade, als ich das Buch in meiner Schultasche verstaue, nähert sich Lenny mit zwei Büchern unterm Arm der Ausleihe. Mir war gar nicht aufgefallen, dass der auch hier ist. Bestimmt hat er sich ebenfalls etwas für die Buchpräsentation ausgesucht. Und ehrlich gesagt, bin ich ziemlich gespannt, worauf er so steht. Vielleicht *Tschick*? Oder ist er doch eher der Typ Junge, der nie über *Gregs Tagebuch* hinauskommt?

»Da ist ja Justine. Oje. Bestimmt hält sie mich für irgendwie … beschränkt«, denkt Lenny.

Ich warte darauf, dass er mich anspricht, doch er grinst nur verlegen.

Ich lächele zurück. Mein Herz schlägt ein bisschen schneller.

»Meint sie etwa mich? Ernsthaft? Oder steht jemand hinter mir? Keine Ahnung. Soll ich mich umdrehen? Oder wäre das noch viel uncooler? Warum ist es hier eigentlich so verdammt heiß?«

Er verlagert sein Gewicht auf das andere Bein und versucht, ein unbeteiligtes Gesicht zu machen.

Oh Mann, Jungs sind wirklich eine komplizierte Spezies. Und ich dachte, ein Lächeln wäre eindeutig. Trotzdem traut er sich nicht, ein harmloses Gespräch anzufangen. Okay, liegt vielleicht auch daran, dass ich ihn bei unserer ersten Begegnung so krass zusammengestaucht habe. Aber da hatte ich ja noch keine Ahnung, dass er nicht alles, was ich von ihm zu hören kriege, wirklich gesagt hat.

Wäre echt schade, wenn er jetzt kneifen würde. Denn eigentlich würde ich meine schroffe Reaktion von neulich gern wiedergutmachen.

Na gut, dann muss ich eben nachhelfen.

»Hi!«, sage ich.

»Ich werd' verrückt, sie meint wirklich mich!«, staunt er stumm. Und mit zittriger Stimme erwidert er ebenfalls: »Hi.«

Das klingt nicht annähernd so großspurig, wie man es von einem Mitglied der Clique um Timm erwarten sollte. Inzwischen bin ich fast sicher, dass Giulia – zumindest in Lennys Fall – gnadenlos übertrieben hat. Eigentlich finde ich ihn nett. Außerdem sind Jungs, die lesen, eine echte Rarität.

»Na, was hast du dir ausgesucht?«, frage ich und deute auf die Bücher unter seinem Arm.

»Mist, die findet sie jetzt bestimmt voll dämlich.«

»Ähm, na ja, nix Großartiges«, stammelt er.

Und er hat recht: *111 superlustige Fußballwitze* finde ich wirklich ziemlich öde. Aber hey: Nobody is perfect. Umso mehr weckt das *Übungsbuch Percussion* mein Interesse.

»Du machst Musik?«

»Nur bisschen Schlagzeug und so.«

Sein Gedankenkarussell nimmt Fahrt auf: »Bestimmt mag sie nur Jungs, die Saxofon oder Cello spielen. Oder wenigstens Keyboard. Verdammt, ich hätte auf meine Eltern hören sollen, als sie mich zum Klavierunterricht schleppen wollten! Mit den Drums kann ich bei so einem Mädchen garantiert nicht punkten.«

So wortkarg er sonst auch wirkt – im Stillen bekommt er ja richtig lange Monologe hin. Löse *ich* das alles in ihm aus? Aber warum denkt er so von mir? Nur weil ich neulich im Musikunterricht die Blechblasinstrumente aufzählen konnte? Ich glaube, ich muss an meinem Image arbeiten. Schlagzeug finde ich nämlich richtig cool. Ich muss ihm zeigen, dass er sich ganz ungezwungen mit mir unterhalten kann. Also versuche ich, das Gespräch in Gang zu halten.

»Und welches von beiden wirst du präsentieren?«

Verwirrt starrt er mich an, und sofort geht die Grübelei weiter. »Wie ... präsentieren? Welches von beiden WAS? Hilfe, ich steh voll auf dem Schlauch. Oder nimmt sie mich gerade auf den Arm? Boah, hier ist es echt heiß.«

Stimmt – die Sonne knallt durch die Dachflächenfenster und heizt die Bibliothek auf wie eine Sauna. Im Sommer ist es hier bestimmt unerträglich!

»Bei der Buchvorstellung. Im Deutschunterricht«, helfe ich Lenny auf die Sprünge.

»Ach so. Nö, dafür wollte ich *Lost Places* nehmen. Das finde ich ziemlich cool.«

Glückwunsch, das war ja eine klare Aussage in ganzen Sätzen. Es besteht also Hoffnung.

»Ob sie wohl mal was mit mir trinken gehen würde? Es ist noch eine Viertelstunde Zeit bis zur nächsten Stunde. Ich könnte … ja, ich könnte sie ja fragen. Vielleicht. Aber wenn sie Nein sagt, steh ich da wie ein Volltrottel. Andererseits: Wenn mir nichts zu sagen einfällt, steh ich genauso doof da.«

Ich muss ein breites Grinsen unterdrücken. Er will was mit mir trinken gehen! Und irgendwie finde ich es ja voll süß, wie er mit sich ringt. Ein bisschen umständlich zwar, aber sympathisch.

Zugegeben – ihn so zappeln zu lassen, ist ziemlich gemein. Schließlich würde es mir im umgekehrten Fall gehen wie ihm. Ohne den Vorteil zu wissen, was in ihm vorgeht, wäre ich jetzt ganz sicher nicht so cool. Außerdem sollte ich es nicht an ihm auslassen, dass so viele fremde Gedanken durch meinen Kopf tosen. Dafür kann er schließlich nicht das Geringste.

Okay, ich mache es ihm ein bisschen leichter: »Heiß heute, oder? Ich hab vielleicht einen Durst!«, sage ich. Was übrigens stimmt.

Mehr kann ich nicht tun. Ich merke, wie ich unweigerlich den Atem anhalte. Jetzt oder nie.

»Sie hat Durst. Ihr ist warm. Das ist gut, supergut sogar. Denn das heißt, dass sie auf jeden Fall etwas trinken möchte, notfalls sogar mit mir. Wenn sie fast verdurstet, würde sie bestimmt sogar vom letzten Spacko ein Getränk annehmen. Ohne Hintergedanken, natürlich. Auch wenn der Vollhonk welche hätte. Also nicht, dass ich einer wäre. Glaub ich. Aber so, wie sie mich anschaut, hält sie mich für einen. Ich glaube, sie macht sich über mich lustig. Ihre Mundwinkel zucken. Gleich lacht sie bestimmt los und zeigt mir einen Vogel, weil ich kurz geglaubt habe, sie könnte sich mit mir abgeben. Aber ihr Lächeln ist einfach ... der Wahnsinn. Na ja, sie ist Champions League, und ich bin dritte Liga, so ist das nun mal. Aber wenn ich es nicht wenigstens versuche, bin ich ein Feigling. Einer, der zum Elfmeterschießen gar nicht erst antritt aus Angst, nicht zu treffen. Und so blöd ist nun wirklich niemand! Alles, was ich tun muss, um kein so bescheuerter Angsthase zu sein, ist, sie zu fragen. Ich sage einfach: Justine, ich finde dich super, und ich würde dich total gern auf ein Getränk einladen. Hast du Lust? Du würdest mir eine große Freude machen.«

Wow, seine Gedanken spielen ja regelrecht verrückt! Los, spuck's aus! Ich platze fast vor Anspannung und lächele ihm aufmunternd zu, während wir uns auf den Weg nach unten machen.

Auf dem nächsten Treppenabsatz bleibt Lenny stehen, räuspert sich, holt tief Luft und schaut mich mit großen Augen an. Ich fürchte schon, er wird gleich ohnmächtig. Doch dann reißt er sich endlich zusammen und sagt, worauf ich schon seit Minuten warte: »Hast du Bock auf 'ne Limo?«

»Ich dachte schon, du fragst nie«, erwidere ich. Wobei das eigentlich keine eindeutige Antwort ist. Von selbst wäre mir das gar nicht aufgefallen, sein unschlüssiger Gesichtsausdruck bringt mich drauf.

»Was ich meine, ist: Ja, sehr gern. Wollen wir?«

»Elfmeter verwandelt«, denkt er strahlend, und ich muss lachen.

11

Gar nichts denken geht nicht.
Leider!

Wir haben so lange in der Bibliothek herumgetrödelt, dass am Ende nicht mehr genug Zeit für eine Limo bleibt. Blöderweise ist die Pause schon fast zu Ende, als wir in der Cafeteria ankommen, und wir müssen direkt wieder zurück ins Klassenzimmer.

Seinen Gedanken höre ich an, wie enttäuscht Lenny ist.

Ich finde ihn extrem mutig, weil er über seinen Schatten gesprungen ist und sich schließlich doch noch getraut hat, mich zu fragen.

»Schade, dass die ganze Aufregung umsonst war«, stöhnt er innerlich.

Sehe ich ganz ähnlich. Zu meiner großen Überraschung bin ich fast genauso enttäuscht wie Lenny.

Irgendwie ist es mir auf einmal peinlich, seine Gedanken zu hören. Schließlich betreffen die seine Gefühle. Und es sind nicht irgendwelche Gefühle – sondern die *mir* gegenüber.

Er scheint mich wirklich nett zu finden. Na ja. Das ist vermutlich die Untertreibung des Jahres. Vielmehr ist er total in mich verknallt.

Ich finde das echt schmeichelhaft.

Okay, auch das ist untertrieben. Denn ich mag ihn ebenfalls. Sehr! Ich finde Lenny supernett, *total süß* und richtig witzig – jedenfalls in seinen Gedanken. Auf alle anderen wirkt er vielleicht ein bisschen einfältig, aber ich weiß es besser. Doof ist er jedenfalls nicht. Und er ist eindeutig besser in Französisch als ich!

An diesem Schultag gibt es leider keine weitere Gelegenheit für ein privates Gespräch. Die letzten beiden Stunden rackern wir uns mit Bio ab, und ich erfahre, dass die Fähigkeit, die Zunge tütenförmig einrollen zu können, dominant vererblich ist. Eines Tages wird die gesamte Weltbevölkerung das können. Es ist mir zwar ein Rätsel, welchen Vorteil dieses Zungenrollenkönnen der Menschheit bringt, aber so ist es nun mal. Ich kann's übrigens. Lenny nicht. Wenn wir irgendwann Kinder bekämen, würden sie diese Fähigkeit von mir erben.

Was denke ich da nur für einen Schrott?

Was, wenn einer meiner Klassenkameraden dieselbe Gabe hätte wie ich und meine Gedanken lesen könnte? *Himmel, wie peinlich wäre das denn?!*

Mir wird gerade klar, wie privat das Denken doch eigentlich ist. Und ich habe mich insgeheim über die Gedankengänge meiner Klassenkameraden lustig gemacht. Oh Mann! Plötzlich schäme ich mich dafür, dass ich mich ihnen überlegen gefühlt oder ihre Kommentare als einfach nur nervig empfunden habe.

Denn wie wäre es einem von ihnen wohl im umgekehrten Fall ergangen?

Als Giulia und ich uns auf den Heimweg machen, sehe ich Lenny wieder bei den Rädern herumlungern. Diesmal ist mir klar, dass das kein Zufall ist. Er wartet auf mich.

»Kannst du bitte schon mal unauffällig vorgehen?«, bitte ich meine Freundin. Die durchschaut meine Absicht natürlich in Sekundenschnelle.

»Ist nicht dein Ernst: Du lässt dich mit Grinse-Lenny ein?« Giulia macht ein Gesicht, als hätte ich ihr soeben mitgeteilt, mich in Zukunft nur noch von Insekten und Würmern ernähren zu wollen. »Du weißt, er gehört zu Timms bescheuerten Freunden. Pass bloß auf dich auf!«

So langsam reagiere ich allergisch auf ihre ewigen Warnungen. Ich bin schließlich alt genug, mir eine eigene Meinung zu bilden! Erwartet Giulia wirklich, dass ich ihr Urteil einfach kritiklos übernehme?

»Schon klar«, erwidere ich knapp. »Keine Sorge, wir haben nur kurz was zu bereden.«

Aber so leicht ist es nicht, Giulia zu überzeugen. Vermutlich, weil ich sie anflunkere und sie das spürt.

»Das wage ich zu bezweifeln. Ich wette, du bist auf seinen Dackelblick hereingefallen. Und ich hab recht – du wirst ja rot! Ha, ich wusste es.«

Ich lass das jetzt einfach mal unkommentiert.

»Na, dann viel Spaß!« Giulia grinst vielsagend und tut mir endlich den Gefallen, einen Schritt zuzulegen, während ich mit pochendem Herzen zu Lenny rüberschlendere.

»Hi«, sage ich.

»Wow, sie spricht mich schon wieder an. Es war also doch kein Traum. Diesmal darf ich es auf keinen Fall vergeigen.«

Ich nicke ihm aufmunternd zu.

»Hi«, antwortet Lenny.

Na, das ist ja schon mal ein Anfang. Zwei Buchstaben. Eine Silbe. Weiter so!

»Ähm, hast du immer noch Durst?«, platzt er heraus.

»Mist. Das war jetzt nicht gerade sehr einfallreich. Damit kann ich sie garantiert nicht beeindrucken.«

»Geht so«, erwidere ich freundlich. »Zu Hause gibt's ja gleich Mittagessen, und dazu werde ich dann auch was trinken.«

»Klar. Natürlich. Blöd von mir. Ich hätte anders anfangen sollen. Warum frag ich sie auch, ob sie Durst hat, wenn ich sie doch eigentlich ins Kino einladen will? Ich habe zwar gehofft, dass sie hier auftaucht, aber wenn sie dann vor mir steht, kann ich einfach nicht klar denken. Justine, warum machst du mich zum Volltrottel?«

Wow, er will mich ins Kino einladen? Ist ja cool! Nur, wenn kein Wunder passiert, wird's wohl nicht dazu kommen. Am besten helfe ich nach. Das hat vorhin schließlich auch funktioniert.

»Aber man wird ja immer wieder durstig, oder? Vor allem, wenn man salziges Popcorn isst«, gebe ich ihm die beste Steilvorlage, die mir gerade durch den Kopf schießt.

Lenny greift sie sofort auf: »Magst du auch lieber salziges? Genau wie ich! Keine Ahnung, warum die meisten Leute auf süßes Popcorn stehen.«

»Ist mir ebenfalls ein Rätsel. Kino ohne salziges Popcorn, das wär ja wie … Schule ohne Pausen.«

Blöder Vergleich. Mir fällt gerade kein besserer ein. Trotzdem bringe ich Lenny damit zum Lachen. Und seinen Kopf zum Überschnappen.

»Kino. Sie hat Kino gesagt! Also mag sie Filme. Und salziges Popcorn! Das muss ein Zeichen sein. Gibt es überhaupt Zeichen? Ich dreh noch durch. Hilfe! Jetzt müsste ich sie fragen. Doch was, wenn sie mich auslacht? Aber wenn nicht jetzt, wann dann? Andererseits ist Kino vielleicht eine zu plumpe Anmache. Nachher denkt sie noch, ich wäre nur auf Gefummel im Dunkeln aus. Warum schaut sie mich so komisch an? Ach so, klar, ich müsste jetzt endlich was sagen. Okay ...«

»Du, Justine, was hältst du davon, wenn wir mal nach der Schule was unternehmen?«, murmelt er verlegen.

Am liebsten würde ich laut jubeln. Er hat sich getraut! Und er will wirklich was mit mir unternehmen. Ich beschließe, die Sache ein bisschen abzukürzen.

»Klar, können wir gern machen. Heute Nachmittag vielleicht? Da hab ich noch nichts vor. Sag mal, wie wär's denn mit Kino? Da war ich schon lange nicht mehr.«

»Yessssss!«, denkt er.

»Cool«, sagt er und grinst breit.

»Das hab ich ja super hingekriegt. Justine geht mit mir ins Kino, das ist einfach der Oberhammer. Wer sagt's denn?!«

Ja, genau. Ganz super hast du *das hingekriegt.*

Ups, um ein Haar hätte ich das laut ausgesprochen. So langsam wird es echt anstrengend, all seine Gedanken mitzukriegen, aber dann doch nur auf das zu reagieren, was er wirklich sagt.

Heißt es nicht, Jungs könnten auch mal *gar nichts* denken?

Offenbar stimmt das nicht. Leider! Aber vielleicht funktioniert es nachher im Kino. Wenn er sich auf den Film konzentriert, wird er weniger an mich denken, und ich habe endlich ein bisschen Ruhe vor dem Chaos in seinem Kopf. Und bin trotzdem in seiner Nähe.

Jetzt zückt er sein Handy. »Wenn du mir deine Nummer gibst, schreibe ich dir schnell eine Nachricht, dann hast du auch meine. Wir können später noch mal texten, wegen der Uhrzeit und so. Okay?«

Immerhin ist er praktisch veranlagt und nicht immer so umständlich wie beim Verabreden.

Ich diktiere ihm meine Handynummer, und kurz darauf macht es *pling* – er hat mir einen Smiley geschickt.

»Nach dem Mittagessen check ich mal online das Kinoprogramm«, sagt er. »Welche Art Filme magst du denn?«

Er tut zwar so, als wäre er da für alles offen, aber ich bekomme genau mit, wie er wirklich tickt:

»Hoffentlich nichts Schnulziges. Und keine Problemfilme. Die finde ich ganz fürchterlich. Aber wenn doch, darf ich mir nichts anmerken lassen, sonst sagt sie am Ende noch ab.«

Keine Sorge, ich sage schon nicht ab.

»Such du einfach den Film aus«, erwidere ich, denn je mehr ihn die Geschichte fesselt, desto seltener werden seine Gedanken abschweifen. Hoffe ich jedenfalls.

»Cool. Mach ich gern.« Er strahlt. Und in mir wächst die leise Ahnung, einen großen Fehler gemacht zu haben.

Hmmm, das duftet ja lecker … Es gibt Lasagne!

Nicht, dass meine Mutter auf einmal unter die Superköchinnen gegangen wäre – sie hat, wie öfter in letzter Zeit, einfach was in der Pizzeria *Ancona* geholt. Giulias Vater ist wirklich ein begnadeter Pizzabäcker, und die Nudelgerichte ihrer Mutter sind ein Gedicht!

»Du siehst gut aus«, begrüßt mich Mama. Vermutlich meint sie mein Dauergrinsen, das ich einfach nicht ausknipsen kann. Daran ist natürlich Lenny schuld. Aber eher würde ich nie wieder Nudeln essen, als ihr von unserer Verabredung zu erzählen. Sie würde garantiert eine Riesensache daraus machen und mir peinliche Knutschtipps geben. Oh ja, das wäre ihr echt zuzutrauen.

Dabei weiß ich noch gar nicht, ob es jemals so weit kommen wird, dass wir uns küssen. Auch wenn ich es mir sehr gut vorstellen kann! Allerdings könnte es auch passieren, dass Lennys Gedankenkarussell mich einfach zu sehr stört und ich deshalb bald die Lust verliere, Zeit mit ihm zu verbringen. Was ziemlich schade wäre. Echt.

»Ach, ich freu mich nur auf das Buch, das ich mir in der Bibliothek ausgeliehen habe«, behaupte ich und krame in der Schublade nach sauberem Besteck, wobei ich meiner Mutter den Rücken zuwende. Das ist Absicht. Sie kann in meinem Gesicht nämlich lesen wie in einem offenen Buch, wie sie immer behauptet. Es wundert mich, dass sie nicht misstrauisch wird, doch zum Glück scheint sie mit anderen Dingen beschäftigt zu sein.

»Wie schön. Hast du denn keine Hausaufgaben auf?«

»Doch, aber nur ganz wenig und alles erst bis Montag.«

»Na, dann kannst du ja nachher ein bisschen lesen. Und tust du mir bitte einen Gefallen? Ich bin noch nicht dazu gekommen, die Spülmaschine auszuräumen. Könntest du das erledigen? Ich muss direkt nach dem Essen weg, erst zum Steuerberater und dann zum Friseur. Vor heute Abend bin ich bestimmt nicht wieder zu Hause.«

Okay. Das erklärt, warum die Besteckschublade fast leer ist.

»Klar, kein Problem«, sage ich, denn eigentlich ist es mir ganz recht, dass sie gleich wegfährt. Damit spare ich mir die Erklärung darüber, was ich vorhabe und mit wem ich verabredet bin. Dafür nehme ich gern ein bisschen Hausarbeit in Kauf.

Beim Essen erzählt meine Mutter mir von ihrer Werbekampagne auf Facebook und wie viele Kursanmeldungen sie darüber schon bekommen hat. Ich schätze, die Plastikpenisse hat sie dort nicht gezeigt, sonst hätte Facebook das längst gelöscht.

Gerade, als ich mit dem Geschirrwegräumen fertig bin, vibriert das Handy in meiner Jeanstasche. Lenny!

> **Hey, Justine. 15 Uhr im Filmpalast – ist dir das recht? Freu mich schon. Len**

Schriftlich ist er eindeutig lässiger als live. Zum Glück überträgt WhatsApp mir seine Gedanken nicht mit – ich möchte nicht wissen, wie lange er an dieser Botschaft gefeilt hat und wie viele Varianten er vorher gelöscht hat, bevor er mit dieser zufrieden war!

> **Hallo, Lenny, geht klar. Wir sehen uns dort! Freu mich auch! Justine**

Dann googele ich schnell, wo der *Filmpalast* genau ist und wie ich dorthin komme. Überhaupt nicht weit von hier, stelle ich fest. Hat nicht Giulia erzählt, dass das ihr Lieblingskino ist? Coole Filme und billiges Popcorn, das hab ich mir gemerkt. Ist doch perfekt!

Ich bin ja mal gespannt, für welchen Film sich Lenny entscheidet. Die Auswahl ist ziemlich groß, da dürfte für jeden Geschmack was dabei sein. Wenn's nach mir geht, muss es nicht unbedingt ein Animationsfilm sein. Ich steh auch nicht so sehr auf Horror oder Action. Aber alles andere könnte mir gefallen. Heute laufen unter anderem eine Verwechslungskomödie, ein Fantasyfilm, ein Gerichtsdrama, eine Dokumentation, ein Roadmovie und ein Tanzfilm. *Phantastische Tierwesen und wo sie zu finden sind 2* könnte interessant sein. Das Gerichtsdrama wär mir natürlich am allerliebsten! Ob Lenny wohl denselben Geschmack hat? Ich muss ihn fragen.

> **Welchen Film hast du denn ausgesucht?**

Er textet sofort zurück.

> **Überraschung! Wetten, dass er dir gefällt? Langweilig wird es jedenfalls nicht.**

Wie gesagt. Schriftlich ist er richtig entspannt. Meine Vorfreude steigt.

Als ich beim *Filmpalast* eintreffe, ist von Lenny noch nichts zu sehen. Wobei – ist das dort drüben nicht sein Fahrrad?

Ist er etwa schon ohne mich reingegangen, statt draußen auf mich zu warten? Nicht gerade die feine englische Art. Erster Date-Minuspunkt!

Ich betrete das Foyer, da kommt er mir auch schon entgegen und wedelt mit den Tickets. Okay, ich nehme alles zurück: kein Minuspunkt. Eher ein Sternchen.

»Da bist du ja schon«, stellt er fest. *Sehr scharfsinnig.*

»Toll sieht sie aus. Das muss ein Traum sein!«

Ich schäme mich für meinen Sarkasmus. Wie gut, dass Lenny nicht derjenige von uns beiden ist, der Gedanken lesen kann. Ob er mich dann noch so super fände? Andererseits wüsste er dann auch, dass ich mich wie verrückt freue, ihn zu sehen. Und dass ich sein Lächeln einfach zum Niederknien finde.

»Zeig her«, rufe ich schnell, bevor ich noch rot werde, und reiße ihm ein Ticket aus der Hand. Bitte das Gerichtsdrama! Oder wenigstens die *Phantastischen Tierwesen* ...

»*Aquaman*?«, lese ich verblüfft. »Was ist das denn? So was wie *SpongeBob*?«

Lenny prustet los. »Nicht ganz. Wobei – es gibt sogar eine *Aquaman*-Parodie in *SpongeBob*. Dort kommt er in einer Folge als Superheldenrentner vor und wird Meerjungfraumann genannt.«

Moment. Ich komme nicht ganz mit. Wir gehen in einen Film über einen Superhelden, der in *SpongeBob* parodiert wurde?

»Ist das etwa ein Animationsfilm?«

»Wie cool, dass sie sich so für *Aquaman* interessiert«, freut sich Lenny im Stillen.

Wie man sich doch irren kann!

»Nein, kein Animationsfilm, sondern eine Comicverfilmung. Mit richtigen Schauspielern. Die Hauptrolle spielt Jason Momoa, den kennst du vielleicht aus *Game of Thrones*.«

Was so ziemlich die letzte Serie wäre, die ich mir anschauen würde! Viel zu brutal und zu fantasylastig. Gar nicht mein Ding. Genauso wenig wie Comicverfilmungen!

Zum Glück merkt mir Lenny meine Entgeisterung nicht an. Während wir an der Snacktheke anstehen, um salziges Popcorn und Limo zu bestellen, klärt er mich ausführlich über Aquaman auf – beziehungsweise über Arthur Curry, der aus irgendeinem Grund identisch mit dem Superhelden ist. Und ich erfahre, dass er als solcher nicht nur Gründungsmitglied einer gewissen *Justice League of America* ist, sondern auch über die Weltmeere herrscht.

»Ist er denn ein Mensch oder ein Unterwasserwesen?«, frage ich verwirrt.

»Sein Vater war ein Mensch, seine Mutter eine Einwohnerin von Atlantis. Er steht irgendwie zwischen beiden Welten.«

»Atlantis, alles klar.« Das ist ja wohl der größte Unsinn, den ich je gehört habe.

»Zwei Mal salziges Popcorn und zwei Zitronenlimonaden«, ordert Lenny, als wir dran sind.

Beim Bezahlen bin ich schneller. »Du hast schon die Tickets besorgt, dann übernehme ich das hier«, sage ich entschieden.

Er zuckt mit den Schultern. »Okay. Danke dir.«

»Sehr taff, ein Mädchen, das halbe-halbe macht. Find ich gut. Aber eigentlich wollte ich sie ja einladen. Na ja. Hauptsache, sie ist überhaupt mitgekommen.«

Ich muss lächeln und freue mich, dass ich Lenny anscheinend beeindrucken konnte. Inzwischen bin ich aber auch ziemlich nervös. Lenny steht offensichtlich auf Action. Und auf Comic-Helden. Das ist so gar nicht mein Ding. Doch vor allem steht er auf mich! Während des Films werde ich mich einfach darauf konzentrieren. Und es genießen, dicht neben ihm zu sitzen. Die Schmetterlinge im Bauch fliegen zu lassen. Einfach nur zu träumen.

Das jedenfalls war mein Plan. Der leider überhaupt nicht aufgeht, wie ich schon nach den ersten Filmminuten feststelle. Denn wider Erwarten finde ich die Story extrem spannend. So spannend, dass ich sogar mein Popcorn vergesse!

Leider lässt sich Lenny weniger mitreißen. Statt der Handlung zu folgen, quält er mich mit seiner Grübelei:

»Wie sie wohl reagiert, wenn ich ihre Hand berühre? Ich könnte es ja mal ganz vorsichtig probieren. So, als wäre es Zufall. Und wenn sie die Hand dann nicht wegzieht, ist es ein gutes Zeichen. Aber was, wenn sie genervt reagiert? Oder ... na ja ... grundsätzlich nicht auf Händchenhalten steht?«

Irgendwann habe ich genug davon! Und mache einfach selbst den ersten Schritt. Händchenhalten finde ich nämlich voll okay.

12

Flirtalarm

Sind wir jetzt zusammen?

Keine Ahnung. Gute Frage. Leider lässt sie sich nicht so leicht beantworten, auch wenn ich zeitweise an nichts anderes denken kann. Aber dann reiße ich mich wieder zusammen, denn das Wichtigste ist doch: Wir verstehen uns einfach gut, Lenny und ich. Am Wochenende treffen wir uns sogar im Park zum Lesen! War seine Idee. Ich hätte das niemals vorgeschlagen, denn normalerweise brauche ich dabei absolute Ruhe. Und wie soll ich mich auf ein Buch einlassen, wenn ich parallel jedes einzelne Wort aus Lennys Lektüre höre? Aber weil ich ihn nicht vor den Kopf stoßen will, sage ich zu. Notfalls lese ich eben die ganze Nacht durch.

Doch dann geschieht ein mittleres Wunder! Wir liegen gemütlich nebeneinander auf einer Picknickdecke und sind in unser jeweiliges Lesefutter vertieft. Es herrscht eine friedliche Stimmung. Die einzigen Geräusche weit und breit sind munteres Vogelgezwitscher und das Lachen der Kinder auf dem nahe gelegenen Spielplatz.

Erst begreife ich gar nicht, was daran so bedeutsam ist. Dann wird mir klar: *Ich höre seine Gedanken nicht mehr!*

Anfangs glaube ich noch, sie wie ein leises Gemurmel wahrzunehmen, doch auch das wird immer schwächer und immer seltener, und nach einer Weile verstummen sie komplett.

Einfach so.

Was mich dabei am meisten verwirrt: *Sie fehlen mir irgendwie!*

Verrückt, immerhin hat mich dieses Gedankengetöse wahnsinnig genervt. Andererseits: Ohne die Fähigkeit, Gedanken hören zu können, hätte ich niemals erkannt, wie Lenny wirklich tickt. Dass er völlig anders ist als Timm und die anderen Armleuchter aus der Klettergerüst-Clique. Viel sensibler, witziger, liebenswerter.

Ja, ich gebe es zu: Ich bin total verknallt in ihn!

Seltsames Gefühl. Aufregend. Und schön ...

Ob Lenny genauso empfindet? Ausgerechnet jetzt, wo ich nur allzu gern über seine Gefühle Bescheid wüsste, versagt meine übersinnliche Fähigkeit.

Vielleicht bleibt sie ja komplett verschwunden?

Na ja, vermutlich hätte ich damit rechnen sollen, dass der ganze Spuk nicht ewig anhält. Sondern höchstens so lange wie eine Erkältung.

In den letzten Tagen habe ich mir nichts mehr gewünscht, als dass diese blöden Stimmen in meinem Kopf endlich verschwinden. Aber jetzt, da es passiert ist, bin ich enttäuscht. *Nicht zu fassen!*

Im Laufe des Samstagnachmittags gewöhne ich mich einigermaßen daran, nur noch das zu hören, was Lenny tatsächlich äußert. Also: an den Normalzustand.

Dennoch kann ich nicht aufhören, mir vorzustellen, was wohl währenddessen in seinem Kopf vor sich geht.

Ich blinzele über den Rand meiner Sonnenbrille hinweg und betrachte sein Profil. Er lächelt sogar beim Lesen, und dabei bilden sich zwei absolut hinreißende Grübchen in seinen Wangen. Ich seufze leise. Er blickt auf. Oh nein, jetzt hat er mich dabei ertappt, wie ich ihn anschmachte!

»Na, wie ist dein Buch so?«, fragt er nur. Puh, dank meiner Sonnenbrille hat er nichts bemerkt.

»Super«, erwidere ich, denn ich finde *Aquila* tatsächlich wundervoll – und ihn ebenso. »Ich bin schon fast halb durch.«

»Meins ist auch klasse«, sagt er. »Nur noch zwanzig Seiten.« Dann erzählen wir uns gegenseitig den Inhalt dieses Lesefutters und proben im Grunde unsere Buchpräsentation, was uns witzigerweise aber erst hinterher klar wird.

Irgendwann passiert es dann. Einfach so, wie aus dem Nichts heraus: Unsere Lippen nähern sich einander, als wären unsere Köpfe megastarke Magnete, die sich gegenseitig unaufhaltsam anziehen. Ich glaube, mein Herz bleibt gleich stehen! Aber dann schlägt es umso schneller, und ich habe das Gefühl, gleich abzuheben. Alles prickelt, fast so wie damals, als der Kugelblitz durch mich hindurchgerast ist. Nur schöner. Weicher. Zärtlicher.

Oh Mann, dieser Moment, genau jetzt, genau hier auf der karierten Picknickdecke im Park, zusammen mit Lenny und unseren Büchern, der Kuss – das ist einfach absolut perfekt.

Danach kann ich mich nicht mehr besonders gut auf mein Buch konzentrieren. Eigentlich überhaupt nicht. Stattdessen schaffe ich das, was Lenny im Kino neulich leider nicht gelungen ist: nämlich gar nichts zu denken. Nur noch zu fühlen.

Erst als auch Lenny sein Buch zuklappt und verkündet,

dass er für heute genug vom Lesen hat, lande ich geistig wieder im Hier und Jetzt.

Ich frage mich, ob wir nächste Woche in der Schule offiziell als Paar auflaufen werden oder eher so tun, als wäre nichts. Mir wäre, ehrlich gesagt, Letzteres lieber. Vor allem, weil Giulia solche Vorbehalte gegenüber Lenny hat.

»Vielleicht halten wir das zwischen uns erst mal eine Weile geheim«, sagt Lenny auf einmal. Er denkt also über dieselbe Frage nach. »Dann mischt sich auch keiner ein, und wir haben unsere Ruhe.«

Ich nicke. Das hört sich vernünftig an.

Warum nur bin ich in meinem tiefsten Inneren enttäuscht? Schämt er sich etwa für mich?

Der Gedanke verletzt mich. Was natürlich absolut unlogisch und unfair ist, schließlich ist es mir so auch viel lieber.

Heute widerspreche ich mir wirklich permanent selbst. Liegt das etwa an … der Liebe?

Als ich am Montagmorgen das Schulgelände betrete, bin ich aus mehreren Gründen aufgeregt. Erstens: Lenny und ich sehen uns gleich wieder. Zum ersten Mal seit dem Kuss. Wie wird er sich mir gegenüber verhalten? Und wie wird es mir dabei gehen? Ob Giulia mir wohl etwas anmerkt? Zweitens: Bleiben die Stimmen in meinem Kopf tatsächlich stumm? Und drittens: Wer kommt heute als Erstes mit der Buchvorstellung dran? Herr Krause hat die Reihenfolge noch nicht verraten. Jeder muss jederzeit vorbereitet sein. Ich habe ein bisschen Panik davor. Denn wenn mein Blick aus Versehen zu Lenny wandert, werde ich garantiert sofort den Faden verlieren. Und ich habe echt keine Lust auf einen peinlichen Blackout vor der ganzen Klasse – und vor Herrn Krause. Nachdem er mich letzte Woche schon fürs Quatschen bestraft hat, will ich nicht schon wieder negativ auffallen.

»Naaaaa – hattest du ein schönes Wochenende, Justine?«, begrüßt mich Giulia mit einem anzüglichen Grinsen.

Na großartig. Sie weiß es.

»Woher …?«

»Ich hab eben so meine Informanten«, gibt sie geheimnisvoll zurück.

»Jetzt klingst du wie eine Geheimagentin. Lässt du mich etwa überwachen?«

Widerstrebend offenbart Giulia ihre Quelle: Nelly war am Samstag mit ihrer kleinen Schwester auf dem Spielplatz und hat dabei so eine gewisse Beobachtung gemacht.

Dank des Klassenfotos weiß ich natürlich, dass Nelly das Mädchen mit dem blonden, dicken Zopf ist, das zwischen Zoé und Fabienne sitzt. Bisher ist sie mir noch nicht sonderlich aufgefallen, weder positiv noch negativ. Ich hätte nicht gedacht, dass Giulia mit ihr besonders eng befreundet ist.

»Und die hatte nichts Dringenderes zu tun, als dich anzurufen?«, wundere ich mich.

»Nicht direkt. Sie hat anschließend Jule getroffen. Und die war bei Marta, um sich ein Buch für die Präsentation auszuleihen – reichlich spät, wenn du mich fragst. Und Marta war dann am Sonntagmittag mit ihren Eltern bei uns essen. Da haben wir uns getroffen. Tja – so kam das.« Sie guckt ein bisschen verlegen. »Du hältst mich doch hoffentlich nicht für eine Tratschtante.«

Na ja. Ein bisschen schon. Aber macht ja nix. Tratschen ist gut für das soziale Miteinander, sagt meine Mutter immer. Sie behauptet steif und fest, wenn die Menschen nicht mehr übereinander reden, bricht eine gesellschaftliche Eiszeit aus. Manchmal ist sie schon reichlich theatralisch. Aber meistens hat sie damit sogar recht.

»Ach Quatsch, ich halte dich einfach nur für … ziemlich cool«, beruhige ich sie. »Und es wäre noch viel cooler, wenn du …«

»Wenn ich über die Sache mit dir und Lenny erst mal die Klappe halten würde. Okay?«

»Sag mal, kannst du Gedanken hören?«

»Nein, kann ich nicht. Das kann niemand. Und es heißt: Gedanken lesen. Nicht hören.« Sie lacht.

Oh. Alles klar.

Als ich sehe, dass Lenny angeradelt kommt, schlendere ich hinüber zu den Fahrradständern, um ihm Hallo zu sagen. Und das mit den Gedanken zu testen.

Nichts zu hören. Außer seinem fröhlichen »Moin, Justine. Du bist schuld, dass ich mich zum ersten Mal seit Jahren auf einen Montagmorgen freue.«

Wow. Was für ein Kompliment!

»Geht mir genauso«, sage ich und lächele zaghaft. Am liebsten würde ich ihn berühren. Händchen haltend mit ihm ins Klassenzimmer marschieren. Ich weiß, am Samstag habe ich das noch völlig anders gesehen. Aber man wird seine Meinung ja ändern dürfen! Wenn man einem dermaßen süßen Jungen gegenübersteht, kann das schon mal passieren.

Wenn ich nur wüsste, ob es ihm genauso geht!

Moment! Dass ich es NICHT weiß, kann nur eins bedeuten: Ich höre seine Gedanken immer noch nicht.

Es ist vorbei. Endgültig vorbei.

Genial!

Gemeinsam überqueren wir den Schulhof, während der Gong zum ersten Mal erklingt. Und da passiert es. Auf einmal ist es wieder da, das laute Chaos in meinem Kopf. Die Ursache ist leicht zu identifizieren: Es sind Timm, Ole, Felix, Colin, Cem, Henry und all die anderen Jungs aus unserer Klasse. Sie denken so wild durcheinander, dass ich nur einzelne Worte identifizieren kann. Sie ergeben nicht den geringsten Sinn.

Wie kann das nur sein?

Ich dachte, ich wäre von dem blöden Kugelblitz-Fluch geheilt. Und nun das!

»Na, was machen die Schmetterlinge?«, fragt Giulia und grinst breit, als ich mich neben ihr auf meinen Stuhl plumpsen lasse.

»Denen geht's gut«, antworte ich lahm. Meine Schlagfertigkeit lässt mich leider gerade voll im Stich. Was nicht an mir liegt und auch nicht an Lenny oder irgendwelchen Schmetterlingen, sondern an den STIMMEN.

Nachdem wir uns alle gesetzt haben und der Unterricht angefangen hat, dem ich leider so ganz und gar nicht folgen kann, kristallisieren sich aus dem Stimmengewirr ein paar klar vernehmliche Gedanken heraus. Ich bin zu verwirrt, um sie irgendjemandem zuzuordnen, aber ich bin mir so gut wie sicher, dass kein einziger von Lenny stammt.

Und was ich da höre, ist noch viel verwirrender.

»Ihre Haare sind eigentlich gar nicht so übel. Das sollte ich ihr mal sagen. Könnte funktionieren.«

»Wenn sie Filme mag, geht sie vielleicht auch mal mit mir ins Kino. Was Lenny schafft, das krieg ich doch erst recht hin!«

»Ich sage einfach etwas über ihre Augen. Die sind echt ungewöhnlich schön. Und Komplimente kommen immer gut an, das behauptet jedenfalls mein großer Bruder.«

Und in dem Ton geht es immer und immer weiter.

Ich bin komplett durcheinander. Warum wissen die Jungs schon von Lenny und mir? Und sind sie etwa alle auf ihn eifersüchtig? Oder warum kümmern sie sich darum, wie sie bei mir punkten könnten?

In der Pause setzt sich das Spiel aus dem Musiksaal fort. Nur nicht in Gedanken, jetzt sprechen die Jungs mich direkt an!

»Hi, Justine. Cooles Shirt!«, sagt Ole.

Ernsthaft? Das alte Ding?

»Hat dir schon mal jemand gesagt, dass du tolle Augen hast?« Das war Laurin. Du liebe Zeit, ich benutze nicht mal Mascara!

»Hast du nach der Schule Lust auf ein Eis?«

»Am Freitag steigt bei einem Kumpel von mir eine Party. Möchtest du mit mir hingehen?«

»Jetzt weiß ich, an wen du mich erinnerst: Du siehst aus wie Selena Gomez – nur hübscher.«

Ich glaub's ja nicht! Was ist denn mit denen los? Als wäre es nicht schlimm genug, dass ich ihre wirren Gedanken wieder höre – jetzt flirten sie auch noch mit mir! Ich finde das ganz schön spooky.

Ich meine, ich halte mich zwar nicht für hässlich, aber normalerweise bin ich auch nicht gerade umschwärmt. Ich trage weder knallenge Hosen noch bauchfreie Oberteile oder kurze Röcke. Ja, ich schminke mich nicht mal! Während so einige Mädchen in unserer Klasse herumlaufen, als wären sie unterwegs zu einem Casting. Aufgestylt bis zum Gehtnichtmehr. Oder von Natur aus so hübsch, dass man als Junge automatisch drauf stehen müsste. Wie kommt es, dass sie stattdessen alle mich anbaggern? Ich murmele am laufenden Band irgendwelche billigen Ausreden und verkrieche mich schließlich bis zum Ende der Pause auf dem Mädchenklo.

In Deutsch habe ich viel Zeit zum Grübeln, denn aktive Mitarbeit ist heute nur von denjenigen gefragt, die mit ihren Buchvorstellungen drankommen. Joy erwischt es zuerst. Sie präsentiert die Biografie einer Sportlerin namens Kathrine Switzer, die 1967 als erste Frau an einem Marathon teilnahm, obwohl das damals eigentlich noch verboten war. Man glaubte doch tatsächlich, der weibliche Körper könnte diese Anstrengung nicht verkraften.

Da fällt mir ein, dass ich Joy nach ihren Sporttipps fragen wollte. Vielleicht hat sie ja Lust, hin und wieder mit mir laufen zu gehen? Allein ist es irgendwie langweiliger als zu zweit, da kann die Playlist noch so gut sein.

Während Joy also vor der Klasse steht und die Geschichte dieser *Marathon Woman* erzählt, schwirren schon wieder störende Gedankenfetzen durch den Raum.

»Irgendwie muss ich sie auf mich aufmerksam machen.«

»Kann doch nicht so schwierig sein …«

»… Und wenn ich ihre Mütze klaue und hinterher so tue, als hätte ich sie gefunden? Könnte klappen!«

Leute, habt ihr denn alle einen Knall?

Warum sind die auf einmal dermaßen hinter mir her? Ist das etwa der Reiz des Neuen? Oder haben sie herausgefunden, dass Lenny und ich uns geküsst haben, und wollen uns jetzt dazwischenfunken?

Letzteres könnte ich mir durchaus vorstellen. Wenn Giulia davon erfahren hat, kann sich die Sache auch bis zu den Jungs herumgesprochen haben. Aber was hätten sie davon, mich Lenny auszuspannen? Die Jungs sind doch schließlich befreundet. Und welcher echte Freund tut so etwas? Das ergibt doch alles überhaupt keinen Sinn!

Als Nächster ist Cem dran. Er stellt *Die Bibliothek der flüsternden Schatten – Bücherkönig* vor, einen Fantasyroman von Akram El-Bahay. Leider spricht er relativ leise, sodass ich Schwierigkeiten habe, seinen Ausführungen durch die gebrüllten Gedanken der anderen hindurch zu folgen. Das Wenige, was ich verstehe, klingt aber interessant. Cem wirkt jedenfalls ziemlich begeistert.

Fabienne präsentiert *Ewig dein* von Janet Clark, ein Titel, den ich mir gleich notiere. Dieses Buch würde mir garantiert gefallen.

Dann wird Felix aufgerufen, der sich tatsächlich für *Gregs Tagebuch* entschieden hat. Weil ich mich kein bisschen für diesen Kinderkram interessiere und das Gedankenchaos mal wieder nervt, stecke ich mir unauffällig die Kopfhörer in die

Ohren. Zum Glück habe ich sie aus Gewohnheit immer unter dem Shirt. Lorde lässt die verstörenden Pläne meiner Mitschüler, mich anzugraben, endlich verstummen.

Um ein Haar hätte ich verpasst, dass Herr Krause als Nächstes meinen Namen aufruft. Aber Giulia rettet mich, indem sie mir den Ellbogen in die Seite rammt, sodass ich aufschrecke und unserem Deutschlehrer vom Mund ablese, wie er sagt: »Brauchst du etwa eine Sondereinladung, Justine?«

»Nein, sorry, bin schon bereit«, erwidere ich und springe erschrocken auf.

Blöderweise habe ich die Kopfhörer immer noch im Ohr. Wenn ich sie jetzt rausziehe, fällt das auf, und ich kriege definitiv Ärger. Also bleibt mir nur eins: Sie einfach drinzulassen und zu hoffen, dass ich nicht auffliege.

Und so kommt es, dass ich zur Begleitmusik von Shawn Mendes über *Aquila* zu sprechen beginne. Kann sein, dass ich ein bisschen lauter rede als normalerweise und etwas rhythmischer betone. Und einmal kann ich sogar ein Fingerschnipsen nicht unterdrücken. Aber niemand scheint sich darüber zu wundern. Und vor allem kann ich mich super konzentrieren. Immerhin stören mich keine Stimmen.

13

Zeugin der Anklage

Am Mittwoch wird es Lenny zu blöd, wie er mir gleich morgens vor dem ersten Klingeln verkündet.

»Was soll diese Heimlichtuerei? Ist doch bescheuert«, findet er, und ich widerspreche ihm nicht.

Also marschieren wir an diesem Morgen Hand in Hand durchs Eingangsportal der Schule. Mein Herz klopft dabei wie wild, und ich höre das Blut in meinen Ohren so laut rauschen, dass es die Gedankenfetzen, die uns hinterherschwirren wie ein Schwarm Honigbienen, sogar übertönt. Was mir ganz recht ist. Ich will gar nicht wissen, wie Timm und seine Blödmänner unseren neuen Beziehungsstatus kommentieren.

Meine Hand fühlt sich richtig heiß an, dort, wo Lennys sie berührt. Erst im Klassenraum lassen wir einander los, und das fühlt sich noch sonderbarer an. Als würde mir auf einmal ein Körperteil fehlen.

»Jetzt ist es also offiziell«, kommentiert Giulia, die gleich nach mir eintrudelt.

»Na ja, wir sind ja nicht gerade Prinz Harry und Meghan Markle, deren Verlobung offiziell vom Königshaus bekannt gegeben wurde«, winke ich ab, doch es ist nur eine gespielte Lässigkeit, denn für mich ist das Ganze durchaus weltbewegend. Immerhin ist Lenny der erste Junge, der mich je geküsst hat und der nun auch öffentlich zu mir steht.

Ist das nicht der Wahnsinn?

Als er zu seinem Platz hinübergeht, klopfen die anderen Jungs ihm anerkennend auf die Schultern. Fast als würden sie ihm gratulieren. Die haben ja vielleicht seltsame Sitten ...

Positiver Nebeneffekt: Ungefähr zeitgleich hören sie auf, mich mit ihren absurden Komplimenten zu belästigen. Keiner flirtet mehr mit mir, niemand tut so, als wäre ich heiß, und sogar in ihren Gedanken scheine ich immer weniger vorzukommen. In meinem Kopf wird es erfreulich leise, eine wahre Erholung!

Doch ganz verschwunden sind die Stimmen nicht. Und ganz ehrlich: Irgendwie würde ich sie auch vermissen, die Fähigkeit, den Jungs in die Köpfe zu lauschen.

Im Laufe des Tages stelle ich fest, dass ich darin sogar besser werde! Jetzt, wo das wilde Getöse nach und nach verstummt, kann ich auf einmal auch solche Gedanken hören, die bisher ganz im Hintergrund geblieben sind.

Kurz vor der Pause zum Beispiel nehme ich eindeutig wahr, dass Felix einen Bärenhunger hat, weil er letzte Nacht so lange gezockt hat und dann heute Morgen zu spät aufgestanden ist, um noch frühstücken zu können.

Und während des Erdkundetests muss ich fast laut auflachen, als Cem versucht, bei Colin abzuschreiben, aber versehentlich »Investitionswetterlage« liest statt »Inversionswetterlage«. Als ob das Wetter eine Währung wäre! »Was kostet dieses T-Shirt?« – »Ein Gewitter, zweimal Nebel und einen Platzregen.«

In der Pause gibt Lenny mir einen Kakao aus, und während er bezahlt, höre ich, wie Oscar hin und her überlegt, ob er sich eine Milch mit Vanille- oder mit Erdbeergeschmack kaufen soll. Am Ende nimmt er ebenfalls Schoko.

Mir wird bewusst, dass ich die Stimmen von Felix, Cem und Henry bis heute immer nur dann wahrgenommen habe, wenn es dabei um mich ging. Diesmal drehen sich ihre Gedanken um Themen, die mit mir nicht das Geringste zu tun haben. Offensichtlich haben meine Fähigkeiten gerade ein neues Level erreicht.

Ich beschließe, meine Fertigkeiten weiter zu trainieren. Eines Tages kann ich vielleicht steuern, wessen Gedanken ich gerade belausche. Vielleicht gelingt es mir sogar, die Lautstärke zu regulieren. Ist sicher alles nur eine Frage des Trainings.

»Was grübelst du?«, fragt Lenny und überreicht mir den Kakao.

Ich kann ja schlecht zugeben, dass ich die ganze Zeit über gezieltes Gedankenhören nachgedacht habe. Er würde mich für irre halten. Nehme ich jedenfalls an. Nachprüfen könnte ich es ohnehin nicht, denn Lenny ist nach wie vor der Einzige, zu dessen Kopf ich keinen Zutritt habe.

»Ich überlege nur, was wir heute Nachmittag unternehmen könnten«, improvisiere ich.

Lenny macht ein undurchdringliches Gesicht. Jetzt wäre es wirklich praktisch, wenn ich wüsste, was gerade in ihm vorgeht. Ob er wohl findet, dass ich zu sehr klammere? Wäre möglich. Die wenigsten Jungs sind scharf darauf, jede freie Minute mit ihrer Freundin zu verbringen, statt mit ihren

Kumpels abzuhängen. Wie blöd, dass mir auf die Schnelle nichts anderes eingefallen ist.

»Natürlich nur, wenn du Zeit und Bock hast«, schiebe ich daher rasch hinterher. »Falls nicht, treffe ich mich einfach mit Giulia oder lese ein bisschen.«

Dank *Aquila* bin ich nämlich wieder auf den Geschmack gekommen. Nachher werde ich das Buch zurück in die Bibliothek bringen und mir gleich was Neues ausleihen. Vielleicht den Roman, den Fabienne vorgestellt hat. Der hat sich echt interessant angehört.

»Wie wär's mit Minigolf?«, schlägt Lenny unvermittelt vor und fährt sich verlegen durch die ohnehin schon verwuschelten Haare.

»Ich liebe Minigolf!«

»Ernsthaft? Dir ist das nicht zu kindisch? Ich hab schon befürchtet, du lachst mich aus.«

»Was soll denn daran kindisch sein? Dafür ist man doch nie zu alt. Meine Oma hat das früher immer mit mir gespielt. Ist aber schon ewig her.« Und meine Mutter ist leider so gar kein Fan von sportlichen Freizeitbeschäftigungen. Sie würde eher mitten in einer Shoppingmall eine Arie schmettern, als Minigolf zu spielen.

Wir verabreden uns für heute Nachmittag, und ich freue mich so sehr darüber, dass ich ihm ein Küsschen auf die Wange hauche. Das ist ihm hoffentlich nicht zu forsch. Aber Lenny lächelt.

Leider bleibt dieses harmlose Bussi die einzige Zärtlichkeit, die wir heute austauschen, denn Lenny bringt seine kleine

Schwester Emilia zum Minigolf mit, die er konsequent Emmy nennt. Was ein bisschen nach Urgroßtante klingt, finde ich.

»Warum sagst du nicht Emilia zu ihr, das ist doch so ein klangvoller Name?«

»Lennart ist auch ein klangvoller Name, und trotzdem nennen mich alle Lenny«, erwidert er grinsend.

Ertappt! Ich wusste nicht einmal, wie er richtig heißt.

»Hast du auch einen Spitznamen?«, will Emilia wissen.

»Justine – das klingt echt komisch. Ich glaub, ich nenne dich Tiny.«

Ich bin ganz und gar kein Fan von Kurzformen meines Namens und mache ein entsprechend entsetztes Gesicht.

»Nix da, wir bleiben bei Justine. Schließlich ist das einzigartig. Passt doch perfekt.«

Ich fühle mich geschmeichelt. Lenny mag meinen Namen, und er findet mich einzigartig! Dafür würde ich ihn am liebsten küssen, aber Emmys forschender Blick bremst mich aus. Hey, wieso hat eine Siebenjährige so viel Macht über mich? Was sind ihre Superkräfte – kann sie etwa auch Gedanken hören? Oder hypnotisieren?

Es stellt sich heraus, dass Emmys eigentliche Superkraft darin besteht, uns beim Spiel so vollzuquatschen, dass wir einfach nicht richtig treffen. Lenny zielt wahnsinnig schlecht, und ich bin kein bisschen besser.

»Sonst bin ich eigentlich eine richtig gute Minigolferin«, sage ich jedes Mal, wenn ich mir mal wieder die Höchstpunktzahl notieren muss.

Das wird mit der Zeit zum Running Gag, und als ich es zum vierten Mal wiederhole, brüllen wir vor Lachen.

»Mist, bei der nächsten Bahn wird es besser«, kommentiert wiederum Lenny ein ums andere Mal, und das ist genauso komisch wie meine faule Ausrede.

Natürlich kann es nur eine Gewinnerin geben: Emmy. Eine siebenjährige stupsnasige Nervensäge besiegt uns haushoch im Minigolf!

Am Freitag schlägt Lenny vor, dass wir uns erneut einen Film ansehen. Eigentlich finde ich es fast zu schade, bei so herrlichem Wetter ins Kino zu gehen, doch dann erwähnt Lenny, dass es sich um eine Open-Air-Vorführung im Park handelt.

»Die zeigen irgendeinen uralten Schinken, aber egal, das ist bestimmt voll gemütlich.«

Der uralte Schinken entpuppt sich als einer meiner Top-5-Filme: *Suspect – unter Verdacht* mit Cher, Dennis Quaid, Liam Neeson und John Mahoney.

Lenny ist sehr überrascht. »Du kennst den?«

»Machst du Witze? Das ist einer meiner absoluten Lieblingsfilme. Er ist spannend, gut gespielt und vor allem ein Justizthriller. Ich *liebe* Gerichtsfilme!«

»Na, dann liebe ich sie ab sofort auch«, sagt Lenny und streicht mir unheimlich sanft über die Wange, um mir eine widerspenstige Haarsträhne hinters Ohr zu schieben. Das ist das Süßeste, was er je getan hat!

Wie sich herausstellt, übertrifft sich Lenny schon am nächsten Tag selbst. Ich genieße gerade in unserem winzigen Garten die Sonne und lese *Ewig dein*, da klingelt es plötzlich. Im ersten Moment bin ich sauer darüber, dass ich mein Buch zur Seite legen muss. Ich habe keine Lust auf jemanden, der mich zu seinem Glauben bekehren oder mir irgendwelchen Krempel verkaufen will. Oder Geld für Zirkustierfutter sammelt. Oder …

»Oh, du bist es?!«, rufe ich erfreut, als ich die Tür aufmache.

»Ich hab was für dich«, verkündet er grinsend, und meine Laune steigt weiter.

Len überreicht mir eine Posterrolle aus Pappe. Neugierig sehe ich nach, was darin steckt.

»Das gibt's doch nicht! Ist das ein Original von damals?«

Fassungslos starre ich auf das alte Kinoplakat in meinen Händen. *Zeugin der Anklage* – ein Gerichtsdrama aus den Fünfzigerjahren mit Marlene Dietrich.

»Denke schon. Das gehörte meiner Oma, die hat Filme geliebt. Ich hab es neulich auf dem Dachboden gefunden. Und als du mir gestern erzählt hast, dass du solche Filme magst, dachte ich, du willst es vielleicht haben.«

»Ob ich es vielleicht will? Ich wäre total begeistert!«

»Na gut. Dann roll's zusammen und gib es mir wieder.«

Entgeistert tue ich, worum er mich gebeten hat.

»Hast du es dir etwa anders überlegt?«, frage ich enttäuscht.

Er versteht erst gar nicht, was ich meine, dann begreift er.

»Du denkst … Ach so, nein. Ich will es nur für dich rahmen lassen. Das Papier ist so alt und empfindlich, das muss unbedingt hinter Glas.«

Wie lieb von ihm!

Wir gehen hinauf in mein Zimmer, das noch immer unfertig ist, und suchen eine gute Stelle für das Plakat aus. Sie ist schnell gefunden.

Und nun?

Auf einmal fühlt es sich ein bisschen seltsam an, mit ihm hier zu sein. Was soll ich tun? Ihm etwas zu trinken anbieten? Ihn küssen? Oder zur Abwechslung mal abwarten, bis er mich küsst?

Während wir neulich im Park so ungezwungen waren und der Kuss wie von selbst passiert ist, stehen wir jetzt nur unbeholfen da, als wären wir Schauspieler, denen das Drehbuch fehlt.

Ich bekomme einen Kloß im Hals und einen ganz trockenen Mund. Es fühlt sich an, als könnte ich nie wieder ein Wort sagen.

Lenny scheint sich auf einmal irrsinnig für seine Schuhe zu interessieren, er schaut nämlich dauernd nach unten und betrachtet sie mit höchster Aufmerksamkeit.

Alles klar. Er spürt offenbar auch, dass die Situation etwas verkrampft ist, denn er verabschiedet sich eilig.

»Ich muss noch den Hund unserer Nachbarin ausführen. Sie hat eine Hüft-OP hinter sich und darf noch nicht laufen.«

»Das ist ja nett von dir«, krächze ich. Ich muss dringend ein Glas Wasser trinken.

»Na ja, sie bezahlt mich auch dafür«, gibt er zu.

Was für ein furchtbarer Job! Eher würde ich Toiletten putzen, als Hunde auszuführen. Die beißen wenigstens nicht.

Ich bringe Lenny noch zur Tür. Unterwegs laufen wir ausgerechnet meiner Mutter über den Weg.

Na großartig!

Sie begrüßt uns überschwänglich und gibt sich dabei so betont lässig, dass ich mir am liebsten die Haare raufen würde.

Denn ich weiß, was jetzt kommt. Daran, dass Lenny geht, ist natürlich nicht zu denken, denn Mama serviert uns Eistee und stellt Kekse hin. Wie immer reißt sie alles an sich und bestimmt, was getan und worüber gesprochen wird.

Wie befürchtet, fragt sie ihn aus. Wie alt er ist, was seine Lieblingsfächer sind, was seine Eltern beruflich machen und ob er schon Pläne für die Zukunft hat ... Sie will *einfach alles* wissen. Statt eine Liebesschule aufzumachen, hätte meine Mutter ebenso gut bei einem Geheimdienst oder als Verhörspezialistin bei der Polizei anheuern können!

Innerlich rege ich mich furchtbar auf, dass sie mal wieder so eine peinliche Nummer abzieht, aber immerhin erfahre ich bei dieser Gelegenheit, dass Lennys Eltern eine Tierarztpraxis haben und er sich gut vorstellen kann, sie eines Tages zu übernehmen.

Bewundernswert, wie er Mamas Fragerei über sich ergehen lässt, ohne genervt zu wirken. Aber nach einem Glas Eistee, drei Keksen und mindestens sieben Fragen wird er unruhig.

»Da fällt mir ein: Ich muss jetzt wirklich los. Der Hund meiner Nachbarin wartet schon.«

»Weißt du was? Ich komme mit!«, entscheide ich spontan. Len kann doch jetzt nicht einfach so gehen, ohne dass wir noch einen Moment zu zweit haben. Lieber überwinde ich meine Phobie und ergreife die Gelegenheit, mit ihm allein zu sein.

»Aber hast du nicht Angst vor Hunden?«, staunt Mama.

»Früher einmal«, behaupte ich. Ich kann nur hoffen, dass der Hund seiner Nachbarin nicht größer ist als ein Dackel. Aber das muss Lenny ja nicht erfahren.

»Ach übrigens, Ikea hat angerufen«, fällt ihr noch ein.
»Deine Möbel werden demnächst geliefert. Freust du dich?«
»Cool«, sage ich.

Noch cooler ist nur, dass Lenny spontan vorschlägt, mir dann beim Aufbauen zu helfen.

»Der Junge ist perfekt. Gib den bloß nicht wieder her!«, raunt Mama mir zu, als wir endlich aufbrechen. Ich fürchte, sie war nicht leise genug.

Der Hund von Lennys Nachbarin entpuppt sich als riesengroße Dänische Dogge namens Floh, aber sie ist super tollpatschig und süß, sodass ich meine Angst schnell verliere. Wer hätte das gedacht?

Wir werfen Stöckchen, bis Floh müde ist, und halten Händchen. Dann bringen wir die Dogge zurück, und Len begleitet mich noch ein Stück. Zum Abschied küssen wir uns. Richtig lang. Endlich!

Als wir uns irgendwann schweren Herzens trennen, gehe ich nach Hause.

Nein, falsch: Ich gehe nicht, *ich schwebe*.

14

Auch das noch!

Am Sonntagmorgen schlafe ich endlich mal wieder so richtig aus. Zwischendurch wache ich kurz auf, blinzele in die Sonne, drehe mich auf die Seite und vergrabe mich in meinem Kissen, um dann wieder gemütlich wegzudämmern. Herrlich!

Beim nächsten Mal nicke ich nicht mehr ganz ein, sondern bleibe in einer Art Schwebezustand. Ich fühle mich so wunderbar träge und fast körperlos, als würde ich noch schlafen. Doch mein Geist ist wach genug, um meine Träume zu kontrollieren. Und die wandern auf direktem Weg zu Lenny.

Vor meinem inneren Auge erscheint sein Gesicht, das manchmal – eher selten – ein bisschen nachdenklich wirkt, aber meistens sein süßes Lächeln zeigt. Dann durchlebe ich wieder, wie er mir so liebevoll die Haarsträhne aus dem Gesicht gestrichen hat. Und sehe seinen Blick vor mir, der mein Herz zum Höherschlagen bringt, aber in manchen Situationen so schwer zu deuten ist.

Irgendwann döse ich wieder ein und träume davon, wie Lenny im Gras neben mir liegt und die Wolken betrachtet. Wir halten Händchen und schmieden Zukunftspläne. Er spricht von seinem Wunsch, Tiermedizin zu studieren, und ich erzähle ihm davon, dass ich Juristin werden will.

Und obwohl wir es nicht aussprechen, stellen wir uns im Traum beide vor, wie es wäre, diese Zukunft gemeinsam zu erleben.

Ich erwache von dem köstlichen Duft nach Kaffee (einem der wenigen Lebensmittel, das besser riecht als schmeckt), frischen Aufbackbrötchen und Rühreiern.

Hmmm, lecker!

Lauter gute Gründe, sich aus den Federn zu quälen, ins Bad zu schlurfen und sich ein bisschen kaltes Wasser ins Gesicht zu spritzen. Das muss vorerst genügen. Alles Weitere kann warten bis nach dem Frühstück.

Meine Mutter ist auch noch im Schlafanzug, als ich runterkomme, und bester Laune. »Guten Morgen, meine Große! Lust auf Kakao oder frisch gepressten Orangensaft?«

»Am liebsten beides«, sage ich und schnappe mir die Zitruspresse, denn Mama wird genug damit zu tun haben, die Milch nicht anbrennen zu lassen. Und es wäre super, wenn die Getränke fertig würden, bevor das Rührei eiskalt ist.

Sie hat den kleinen Tisch in unserem verwunschenen Gärtchen gedeckt. Es passt gar nicht alles drauf, sodass sie noch ein zusätzliches Klapptischchen aus dem Kursraum herbeischleppt. Sogar eine Vase mit Tulpen steht da zwischen Honig, Marmelade, Saftkaraffe und den Eiern.

Dann erhebt Mama ihre Cappuccino-Tasse, als wäre sie ein Sektglas, und prostet mir damit zu.

»Kein Mensch macht so was mit Kaffee«, lache ich, doch ich erwidere ihre Geste mit meiner heißen Schokolade.

»Schön, dass wir mal wieder ganz in Ruhe miteinander brunchen«, sagt sie und strahlt mich auf diese leicht über-

triebene Weise an, bei der in meinem Hinterkopf die Alarmglocken zu läuten beginnen. Auf einmal bekomme ich trotz
der Sonne eine Gänsehaut. Denn ich ahne schon, was jetzt
auf mich zukommt.

Und ich habe mich nicht getäuscht, schon geht's los: »Weißt
du, Liebes, ich glaube, wir sollten uns mal richtig unterhalten.
So von Frau zu Frau. Okay?«

Ich seufze. »Können wir nicht einfach … essen?«

»Na hör mal, man kann doch wohl essen und zugleich reden! Vor allem, wenn es so viel zu besprechen gibt.«

Es geht um Len, so viel ist klar. Aber ich tue, als ob ich auf
dem Schlauch stehen würde.

»Ja, ich finde es auch total spannend, dass meine Möbel
bald kommen. Und das Buch, das ich gerade lese, ist wirklich aufregend. Außerdem will ich mich informieren, welche
Sportangebote es in der Gegend gibt, das beschäftigt mich
ebenfalls enorm.«

Mama legt den Kopf schief. »Du weißt genau, wovon ich
rede. Das Allerwichtigste hast du mir nicht erzählt: Du hast
einen Freund!«

Ich zucke mit den Schultern. Das hätte ich ihr schon irgendwann erzählt. Aber das Ganze ist noch so frisch, dass
ich mich eigentlich erst in Ruhe an den Gedanken gewöhnen
wollte, bevor ich mit meiner Mutter darüber rede. Sie neigt
dazu, aus jeder Kleinigkeit eine große Sache zu machen. Und
aus einer großen Sache macht sie eine Riesensache.

»Und das finde ich toll, einfach großartig!«, fährt sie fort.
»Außerdem ist es der perfekte Anlass, sich einmal mit dem
Thema Verhütung auseinanderzusetzen. Ich nehme an, ihr

seid verantwortungsvoll und benutzt Kondome. Allein schon wegen Aids. Aber ich sollte dir außerdem einen Termin bei einer Gynäkologin vereinbaren. Hast du schon mal über die Pille nachgedacht? Das muss man abwägen, einiges spricht dafür, anderes dagegen. Ich hab dir da ein bisschen Infomaterial zusammengestellt …«

Auch das noch. Meine Mutter will ein Aufklärungsgespräch führen! Na, Mahlzeit! Mir bleibt fast das Eibrötchen im Halse stecken. Dabei hätte ich mir ja denken können, dass ihre gestrige Begegnung mit Lenny ein Nachspiel haben würde. Immerhin ist Liebe ihr Lieblingsthema.

Am liebsten würde ich die Finger in die Ohren stecken und laut »Lalalalala« rufen, doch das würde mir höchstens ein paar Sekunden Aufschub verschaffen. Deshalb reiße ich mich zusammen und versuche, das Thema herunterzuspielen.

»Mama, das mit uns ist doch noch ganz frisch, und außerdem bin ich erst fünfzehn! Wir haben uns geküsst, das ist alles«, beteuere ich. Deswegen muss ich noch lange nicht zu einem Frauenarzt. Und schon gar nicht über Kondome reden. Oder die Pille.

Seltsamerweise ist meine Mutter fast enttäuscht. »Fünfzehneinhalb, immerhin«, beharrt sie. »Und Tatsache ist, dass die meisten Jugendlichen durchschnittlich mit sechzehn zum ersten Mal sexuell aktiv sind. Darauf musst du doch vorbereitet sein!«

Ich fasse es nicht! Meine Mutter hat echt nur eins im Kopf. Diese Liebesschule hat sie offenbar total verwirrt. Ich wünschte, sie wäre Tierärztin, so wie Lens Eltern. Selbst auf die Gefahr hin, dass wir statt eines Kursraums voller riesiger

Plastik-Genitalien ein Wartezimmer voller Kampfhunde, Vogelspinnen, Wildkatzen und Würgeschlangen hätten.

Aber es ist nun mal so, wie es ist. Und ich weiß, sie wird nicht aufgeben. Also tue ich lieber so, als würde ich nachgeben.

»Okay, Mama. Ich gehe zur Gynäkologin. Vorsichtshalber. Und damit du zufrieden bist. Aber mehr werde ich zu dem Thema nicht sagen. Echt nicht. Sonst vergeht mir noch der Appetit.«

Meine Mutter nippt an ihrem Kaffee. »Perfekt«, sagt sie. »Mehr wollte ich ja gar nicht.« Sie grinst vielsagend. »Und ich hoffe, er ist ein guter Küsser.«

Mir ist trotzdem der Appetit vergangen. Also beschränke ich mich darauf, meinen Kakao zu trinken und als Dessert den Orangensaft, dann gebe ich auf.

Währenddessen verputzt meine Mutter drei Brötchen und klaut mir danach auch noch den Rest von meinem. Dabei plaudert sie über ihre Kurse und ihre Pläne, und ich wünschte, sie würde damit aufhören und wieder über Verhütung sprechen statt über Tantra-Massagen für Paare, erotischen Tanz oder Genitalmeditation!

Wobei – eigentlich will ich weder das eine noch das andere hören. Gibt es kein unverfängliches Frühstücksthema? Das Wetter zum Beispiel. Oder Mode. Musikcharts. Promiklatsch. Schade nur, dass uns nichts davon interessiert. *Immerhin das haben wir gemeinsam.*

Nach dem Frühstück räumen wir gemeinsam die Tische ab und die Spülmaschine ein. Dann geht meine Mutter ins Bad, um sich für ein Kammerkonzert aufzuhübschen.

Das erinnert mich daran, dass ich immer noch nicht nachgeforscht habe, ob es ein Schulorchester gibt, und falls ja, ob da ein Platz für eine Querflötistin frei ist.

Oh Mann. Es gibt so viel, worum ich mich kümmern müsste. Aber im Moment hab ich einfach keinen Nerv dafür!

Ich brauche einen klaren Kopf! Und ich kenne nur einen Weg, ihn zu kriegen. Nämlich, indem ich laufen gehe.

Gleich nachdem meine Mutter in ihrem schicken Konzert-Outfit das Haus verlassen hat, schlüpfe ich in meine Sport-klamotten und trabe los.

Eigentlich ist es fast schon zu warm zum Joggen, aber ich ziehe das jetzt einfach durch. Inzwischen kenne ich mich et-was besser aus, sodass meine Strecke nicht mehr in das häss-liche Industriegebiet, sondern am Fluss entlangführt.

Nach ein paar Metern finde ich meinen Rhythmus, und meine Gedanken beginnen zu fließen. Das seltsame Gespräch mit meiner Mutter geht mir durch den Kopf. Ich überlege, was ich überhaupt will. Und das ist eigentlich sonnenklar: Ich will mit Lenny zusammen sein. Aber bevor wir einen Schritt weitergehen, muss ich ihn erst noch ein bisschen besser ken-nenlernen. Mal ehrlich: Was weiß ich schon von ihm? Ich kenne weder sein Lieblingseis noch weiß ich, welche Musik er mag, ob er außer Emilia noch mehr Geschwister hat oder wie er seinen Sonntag verbringt und … na ja, und ob ich seine erste Freundin bin. Oh ja, es gibt wirklich eine ganze Menge Dinge, die ich gerne über ihn erfahren würde!

Und das wäre natürlich alles viel leichter, wenn ich noch hören könnte, was er denkt. Ich kann nur beobachten, wie er sich mir gegenüber verhält. Aber was ist mit seinen Ge-fühlen? Wie ticken Jungs wie er, wenn es um die Liebe geht?

Keine Ahnung, ob ich da jemals durchsteigen werde. Irgendwie fühle ich mich manchmal ein bisschen überfordert. Es passiert gerade so viel in meinem Leben. Noch vor Kurzem war ich im Internat. Und habe es gehasst, von dort wegzumüssen. Ich wollte keine Veränderung. Aber dank Giulia und Lenny war es viel leichter als erwartet, sich hier einzugewöhnen. Ich denke daran, wie wichtig die beiden mir geworden sind, als ich in den Park einbiege.

Vor lauter Grübeln habe ich gar nicht gemerkt, wie weit ich schon gelaufen bin. Umso besser. Hier spenden die uralten Bäume wenigstens ein bisschen Schatten. Außerdem gibt es ein Wassertretbecken voll kaltem Wasser. Ich beschließe, mich ein bisschen abzukühlen, und stecke Hände und Unterarme hinein. Ui, ist das eisig! Undenkbar, da mit den Füßen reinzugehen, so wie das alte Paar, das völlig abgeklärt im Storchenschritt seine Runden im Becken dreht. Wie schaffen die das bloß? Ihre Unterschenkel müssten doch längst Frostbeulen haben.

»Na, junge Dame? Nur Mut«, ermuntert mich die weißhaarige Eiskönigin.

»Nein, danke«, beeile ich mich zu sagen.

»Ach, wenn man erst mal drin ist, fühlt es sich einfach nur herrlich an!«

Puh, die ist ja ganz schön hartnäckig. Ich bin schon kurz davor, mich überreden zu lassen, als ich höre, wie jemand nach mir ruft. Ich drehe mich suchend um – und erkenne Lenny.

Sofort laufe ich ihm entgegen. Führt er etwa wieder diese Riesendogge aus? Oder hat er Emilia im Schlepptau? Als ich näher komme, erkenne ich, dass seine heutige Begleitung deutlich kleiner ist als Floh. Und wesentlich knuffiger als seine kleine Schwester.

»Hi, Justine«, begrüßt mich Len. »Ist es nicht zu heiß zum Joggen?«

Oh doch, das ist es. Und in seiner Nähe wird mir sogar noch ein bisschen heißer.

»Dogsitting scheint ja gut bezahlt zu sein«, sage ich und deute auf den wohl goldigsten Hund, den ich je gesehen habe.

»Du meinst Buster? Oh, mit dem geh ich nicht für Geld spazieren, das ist mein eigener Hund. Du kannst ihn ruhig streicheln.«

In meinem ganzen Leben habe ich noch keinen Hund gestreichelt! Dazu hatte ich bisher viel zu viel Angst. Doch jetzt zögere ich keine Sekunde.

»Was für ein zartes Fell!«, staune ich.

»Buster ist auch wahnsinnig klug! Er kann jede Menge Tricks: Pfötchen geben, Männchen machen, Fuß laufen, Sitz und Platz, toter Mann … ja, er kann sogar tanzen!«

Klingt unglaublich – doch die beiden treten umgehend den Beweis an. Einfach irre, wie Buster Lennys Kommandos befolgt. Damit könnten sie locker im Zirkus auftreten!

»Wie bringt man ihm so was bei?«, wundere ich mich. »Es klingt wirklich fast so, als würde er jedes Wort verstehen!«

»Wuff!«, bestätigt Buster und bringt mich damit zum Lachen.

»Also eigentlich versteht er Menschensprache nicht wirklich. Er verknüpft nur die Kommandos, die er kennt, mit der entsprechenden Reaktion. Und die lernt er, wenn man ihn mit einem Leckerli für richtiges Verhalten belohnt und dabei das Kommando sagt oder eine Geste macht. Hunde reagieren oft sogar auf Zeichen viel besser als auf Worte.«

Wow. Das war ja ein richtiger Vortrag. Ist das noch derselbe Len, der vor Kurzem zu schüchtern war, mich anzusprechen? Was hat ihn so verändert? War ich das etwa?

»Gesten – du meinst, man könnte auch so was zum Kommando machen?«, sage ich und küsse ihn mitten auf den Mund. In diesem Moment wirft sich Buster auf die Seite und reibt sich mit den Pfötchen über die Augen. Das sieht zum Brüllen komisch aus, als würde er sich schämen und könnte es sich einfach nicht ansehen, was Lenny und ich da tun.

Len gibt ihm ein Leckerli und lobt ihn wie verrückt.

»Warum tust du das?«

»Das hast du doch selbst vorgeschlagen. Wir nehmen einfach den Kuss als Kommando-Symbol für diese Pose.«

»Okay.« Ich hätte nicht gedacht, dass er das wörtlich nimmt. War doch eigentlich nur ein Gag von mir.

»Allerdings funktioniert so ein Training nur mit ständigen Wiederholungen. Wir müssten das also immer wieder tun. Bis Buster es verinnerlicht hat.«

Oh! Na gut. Das ist ja interessant.

»Ich glaube, damit kann ich leben«, erwidere ich mit pochendem Herzen.

Zum Glück hat Lenny einen großen Beutel voller Leckerli dabei. Als der leer ist, hat Buster den Trick drauf. Und wir haben vermutlich einen Kussweltrekord aufgestellt.

15

Namenstag – und eine unangenehme Wahrheit

»Habt ihr am Freitag nach der Schule Zeit?«, fragt Giulia, als wir uns nach dem Sportunterricht umziehen. »Ich lade euch zum Pizzaessen ein, bei uns im Restaurant. Seid ihr dabei?«

Natürlich sind alle begeistert. Joy macht sogar einen Luftsprung, Janne und Celine rufen im Chor »Na klar!«, Frieda – die gerade in einen Schokoriegel gebissen hat – nickt nur lebhaft, und Marta grinst breit und fragt: »Was gibt's denn zu feiern?«

»Meinen Namenstag«, erklärt Giulia.

»Schon wieder?«, wundert sich Frieda. »Nicht, dass ich was dagegen hätte, aber hast du nicht neulich erst Namenstag gefeiert?«

»Ich hab eben Glück«, grinst Giulia. »Laut Internet darf ich den sechs Mal im Jahr feiern: am 2. April, 22. Mai, 29. Mai, 21. Juli, 16. September und am 28. September. Da macht es fast nichts, dass ich im langweiligsten Monat des Jahres geboren bin: im November.«

Ist ja krass. Namenstag – so was hab ich noch nie gefeiert. Ich weiß nicht mal, ob ich überhaupt einen habe.

»Und was ist mit dir, Justine? Du bist so still. Hast du keine Lust?«

»Doch, doch, klar!«, beteuere ich schnell.

Ich habe mich nur zurückgehalten, weil ich mir nicht ganz sicher war, ob ich auch gemeint war. Schließlich gehöre ich noch nicht so lange zur Clique, und in letzter Zeit habe ich mich ziemlich rar gemacht. Irgendwie habe ich das Gefühl, dass die anderen mir das ein bisschen krummnehmen. Dabei ist es doch normal, Zeit mit seinem Freund verbringen zu wollen, wenn man frisch verliebt ist.

»Oder hast du schon was mit Lenny vor?«, hakt Marta auch gleich nach. Dabei verdreht sie vielsagend die Augen.

Ich fürchte, die Mädels können ihn nicht leiden. Das macht mich traurig, denn ich will mich nicht zwischen ihm und meinen neuen Freundinnen entscheiden müssen.

»Ich habe Zeit und auch große Lust, danke für die Einladung, Giulia«, erwidere ich steif und schultere meine Tasche. »Wir sehen uns gleich in der Klasse. Ich muss noch schnell zur Bibliothek.« Und bevor noch jemand eine Bemerkung über Lenny und mich loslassen kann, haue ich ab.

An den darauffolgenden Tagen gebe ich mir besonders viel Mühe, in den Pausen auch mal Zeit mit Giulia und den anderen Mädels zu verbringen. Lenny scheint das zum Glück nichts auszumachen. Vielleicht hat es ihm auch gefehlt, mit seinen Kumpels abzuhängen? Verliebt zu sein bedeutet ja nicht, dass man sich in siamesische Zwillinge verwandeln muss!

Wenn Lennys Freunde doch nur nicht so bescheuert wären! Irgendwann werde ich ihn mal fragen, was er an Timm, Ole, Felix und den anderen eigentlich mag. Ich finde, er passt überhaupt nicht zu ihnen. Sie sind so laut, grob, primitiv und unausstehlich – und er so lieb, zärtlich, klug und witzig.

Wobei ich befürchte, wenn er mit Timms Clique unterwegs ist, zeigt er ein anderes Gesicht. Logischerweise. Zärtlich und lieb ist er nur bei mir.

Bin ich eigentlich auch ein anderer Mensch, wenn ich mit ihm zusammen bin? Seltsamer Gedanke. Nein, natürlich nicht, lautet meine spontane Antwort. Aber dann kommen mir Zweifel. Denn so ganz stimmt das natürlich nicht. Wenn ich Giulia so anhimmeln würde wie ihn, hielte sie mich vermutlich auch für übergeschnappt.

Macht die Liebe einen etwa zur Witzfigur?

Auf jeden Fall bringt sie mich gewaltig durcheinander und hält mich davon ab, mich auf den Unterricht zu konzentrieren. Immer wieder muss Giulia mir ans Bein treten, damit ich überhaupt mitbekomme, wenn ich aufgerufen werde. Und meistens muss sie mir dann auch noch ein Stichwort zuraunen oder gar die ganze Frage wiederholen, damit nicht auffällt, dass ich mit den Gedanken mal wieder ganz woanders war.

»Wenn du mich nicht hättest, würdest du dich womöglich noch selbst vergessen«, ulkt sie nach der letzten Stunde. »Du denkst doch an unser Pizzaessen?«

»Ich bin ja nicht verkalkt«, sage ich. Nur verknallt.

Bevor wir uns treffen, gehe ich noch rasch zu Hause vorbei, um meine Schulsachen in die Ecke zu werfen und mir das Geschenk für Giulia zu schnappen. Ich habe ihr einen hübschen Nagellack in Peach besorgt und einen dazu passenden pfirsichfarbenen Lipgloss.

Mama ist noch mit einer Gruppe im Kursraum beschäftigt, da will ich lieber nicht stören. Wer weiß, was mich da erwarten würde. Sie war ganz froh, als ich ihr beim Frühstück von Giulias Einladung erzählt habe. So muss sie sich heute nicht ums Mittagessen kümmern. Freitags hat sie immer besonders viele Kurse. Vermutlich hätte sie ohnehin was in der Pizzeria bestellt. Ich beschließe, ihr nachher was mitzubringen. Schließlich arbeitet sie wie eine Wahnsinnige, um ihren Laden in Schwung zu bringen, damit sie sich bald wieder die Internatskosten leisten kann.

Wobei ich gar nicht mehr so sicher bin, ob ich da überhaupt noch hinwill. Von Tabea habe ich immer noch nichts gehört, und auch meine anderen Freundinnen aus der Falkenburg haben sich nicht gemeldet. Die haben mich wohl abgeschrieben.

Na ja, ich hätte mich schließlich auch bei ihnen melden können. Aber hier ist so viel passiert, und ich war dermaßen beschäftigt, mich in der neuen Stadt zurechtzufinden, dass ich es einfach … vergessen habe.

Bin wohl auch nicht besser als sie.

Als ich in der Pizzeria *Ancona* ankomme, sitzen die anderen schon im Biergarten. Gute Idee! Es ist so frühsommerlich warm, dass es wirklich schade wäre, noch mehr Zeit drinnen zu verbringen. Die sechs Schulstunden waren lange genug.

Wir bestellen alle Eistee, den Giulias Mutter selbst macht

und der tausendmal besser schmeckt als der aus dem Supermarkt, und widmen uns dann der Speisekarte.

Joy, Janne und ich entscheiden uns für Pizza, Celine – die immer auf ihre Figur achtet, obwohl sie bloß ein Strich in der Landschaft ist – für einen Salat, Marta und Frieda nehmen Lasagne und Giulia ein Schnitzel.

»Deutsches Essen in einer Pizzeria? Würd' ich nie bestellen«, sagt Frieda.

»Du bist ja auch keine Italienerin, die in einer Pizzeria aufgewachsen ist«, grinst Giulia. »Für mich ist Schnitzel einfach exotischer.«

Wir prusten los.

»Apropos exotisch: Ich bin gespannt, ob dir mein Geschenk gefällt«, sagt Marta und schiebt ein Päckchen zu ihr rüber.

Giulia reißt es sofort auf und hält dann strahlend einen winzigen Bikini mit Papageien-Print-Muster hoch. Farblich passt er perfekt zu ihren bunten Dreadlocks. »Sehr cool! Ich hab gehört, die Schwimmbäder haben schon geöffnet. Wenn das Wetter so gut bleibt, weihe ich den gleich morgen ein.«

»Super Idee!«, findet Joy. »Ich war schon ein paarmal im Freibad dieses Jahr, aber immer nur, um 1000 Meter zu schwimmen. Bahnen ziehen und heim.«

»Puh, das klingt ja anstrengend!«, sagt Marta und schneidet eine Grimasse. Falls sie nicht weiß, was sie einmal beruflich machen soll, könnte sie auf jeden Fall Clown werden.

»Au ja, lasst uns morgen zusammen ins Schwimmbad gehen«, schlägt Frieda vor, und alle sind begeistert.

Ich halte mich zurück, denn eigentlich hatte ich vor, etwas

mit Len zu unternehmen. Wir haben uns zwar noch nicht fest verabredet, aber ich bin fast sicher, dass er sich bald melden wird.

Zum Glück wendet sich Giulia jetzt den weiteren Geschenken zu, sodass das Thema erst einmal vom Tisch ist. Meinen Nagellack findet sie super, und den Lipgloss trägt sie sogar gleich auf!

Dann wird das Essen serviert, und wir machen uns darüber her. Meine Pizza schmeckt einfach zum Niederknien!

»Da könnt ich mich reinlegen!«, kommentiert Marta die Lasagne, und Giulia ist hochzufrieden.

»Hach, es ist einfach mega, Namenstag zu haben. Und so tolle Freundinnen wie euch!«, strahlt sie.

Ich bin richtig gerührt, dass sie damit auch mich meint. »Danke, dass ich dabei sein darf«, sage ich. »Ich bin so froh, dass ihr mich so lieb aufgenommen habt. Eigentlich war ich stinksauer, als meine Mutter mich im Internat abgemeldet hat. Aber inzwischen glaube ich, dass mir nichts Besseres hätte passieren können – dank euch und Lenny.«

»Apropos Lenny«, hakt Janne ein, »wie läuft's denn so mit ihm?«

Eigentlich hatte ich mir vorgenommen, dieses Thema zu vermeiden, aber da ich nun blöderweise selbst davon angefangen habe, kann ich mich schlecht um eine Antwort drücken. Also erzähle ich, wie glücklich ich mit Lenny bin. Dass er neulich vorbeigekommen ist, als meine restlichen Möbel geliefert wurden, und mir beim Aufbauen geholfen hat. Wie gut wir das zusammen hinbekommen haben, wie viel Spaß wir dabei hatten und dass auf ihn wirklich Verlass ist.

»Er ist total süß und fürsorglich«, schwärme ich.

»Das klingt wirklich toll«, sagt Giulia. »So hätte ich ihn nie eingeschätzt. Da sieht man mal, wie man sich irren kann.«

Marta und Janne werfen sich vielsagende Blicke zu. Ob sie wohl eifersüchtig sind? Das passt gar nicht zu den beiden.

Bevor jetzt alle anfangen, Lennys Charakter zu analysieren, versuche ich schnell, das Thema zu wechseln.

»Sag mal, du bist doch so sportlich«, wende ich mich an Joy. »Gibt es hier eigentlich ein Hockeyteam? Ich würde gern wieder regelmäßig trainieren, und nur Joggen wird mir auf Dauer zu einsam und zu eintönig.«

Joy kennt leider keinen Hockeyverein, aber sie spielt in der Schulmannschaft Basketball und macht außerdem Rope Skipping.

»Seilspringen?«

»Ja, aber mit richtigen Choreografien und akrobatischen Einlagen. Manchmal mit mehreren Seilen und in Gruppen. Wenn man es richtig draufhat, sieht es hammergut aus. Aber bis es so weit ist, braucht es hartes Training.«

Gegen hartes Training habe ich nichts einzuwenden, und so beschließe ich, mir dieses Rope Skipping bei Gelegenheit mal anzuschauen. Basketball dagegen ist nicht so mein Ding. Dafür bin ich nicht groß genug.

»Wisst ihr, was eine richtig coole Sportart ist?«, meldet sich Giulia zu Wort. »Pole Dance. Bei Justines Mutter kann man das übrigens lernen. Sie bietet sogar Workshops an und lädt uns dazu ein. Genial, oder?«

Meine Wangen werden ganz heiß. Bestimmt laufe ich mal wieder rot an wie eine Tomate. Verflixt! Das hatte ich ja schon ganz vergessen. Oder besser gesagt: verdrängt. Meinetwegen müsste dieser blöde Stangentanz-Workshop niemals stattfinden. Warum musste Giulia das ausgerechnet jetzt ausplaudern? Oh Mann …

Ich würde am liebsten im Boden versinken und fürchte schon, zur Lachnummer zu werden. Aber das Gegenteil ist der Fall: Die anderen Mädchen sind Feuer und Flamme.

»Ich finde es wahnsinnig cool, dass deine Mum so was anbietet«, schwärmt Joy. »Ich wollte Pole Dance schon immer mal ausprobieren. Das soll ja ein megaanstrengendes Workout sein.«

Puh. Vielleicht sollten wir es ja doch durchziehen? Das Angebot meiner Mutter steht. Aber ehrlich gesagt, hab ich überhaupt keine Lust darauf.

»Ich wünschte, meine Mutter hätte auch eine Liebesschule und keine langweilige Steuerkanzlei. Das ist dermaßen öde!«, sagt Celine. »Sie ist so eine Spießerin! Zum Beispiel findet sie, Sängerin wäre kein richtiger Berufswunsch. Deine Mutter würde das bestimmt anders sehen.«

Na, dann erwähne ich lieber mal nicht, dass meine Mutter eigentlich Betriebswirtin ist, und zwar eine richtig gute.

»Dafür fährt deine Mutter wenigstens nicht mit einem peinlichen Auto herum, auf dem *Lolas Liebesschule* steht«, seufze ich.

»Oh ja, das hat ganz schön für Aufsehen gesorgt!« Marta grinst. »Die Jungs hatten sogar eine Wette laufen.« Sofort beißt sie sich auf die Lippe und verstummt. Janne blickt sie strafend an. Die anderen runzeln die Stirn. Und ich verstehe nur Bahnhof.

»Was denn für eine Wette?« Meine Stimme klingt belegt, und mich überläuft ein Schauer, als wäre es plötzlich zehn Grad kühler geworden.

»Na ja«, rückt Marta widerstrebend heraus. »Nachdem deine Mutter mit dem frisch beschrifteten Auto vorgefahren ist, haben die Jungs gewettet. Es ging dabei ... um dich.«

Ich glaub's ja nicht!

»Welche Jungs? Und was heißt hier: um mich?«

»Timms Clique«, presst Joy verlegen hervor.

Zu der auch Len gehört.

Mir wird heiß und kalt zugleich. In meinem Kopf herrscht gähnende Leere. Und ich verstehe gar nichts mehr. Eine Wette – um mich. Was soll das bedeuten?

»Giulia, sag doch was!«, flehe ich meine Freundin an, doch die scheint genauso verblüfft zu sein wie ich.

»Ich ... habe nicht die geringste Ahnung, wovon hier die Rede ist«, schwört sie, und ich glaube ihr. Sonst wäre sie die weltbeste Schauspielerin. Andererseits gehört ja nicht besonders viel dazu, sich unwissend zu stellen. Das schafft jedes kleine Kind, das nicht zugeben will, den Ball durch die Scheibe geschossen oder den Schokoladenfleck auf dem Sofa hinterlassen zu haben.

Viel schwieriger wäre es, Gefühle vorzutäuschen, die gar nicht echt sind. Ist also vielleicht Lenny der weltbeste Schauspieler?

»Könntet ihr uns vielleicht aufklären?«, mischt sich jetzt auch Celine ein. »Um was für eine Wette soll es denn gehen?«

Doch mehr als das, was sie schon ausgeplaudert haben, wollen Janne und Marta nicht verraten, sosehr ich auch bettele.

»Das musst du schon selbst herausfinden«, sagt Marta nur. Und Janne ergänzt: »Wir wissen es selbst nicht so ganz genau, das kannst du uns glauben.«

Doch ich weiß überhaupt nicht mehr, was – und wem – ich noch glauben soll. Nur eins weiß ich sicher: Ich muss hier weg. Wenn ich mich nicht sofort in meinem Zimmer verkriechen und die Decke über den Kopf ziehen kann, platzt mir der Schädel. Oder zumindest breche ich hier vor der ganzen Truppe in Tränen aus.

»Sorry, Leute, ich hab noch was vor«, murmele ich und springe auf. »Feiert noch schön. Bis dann.«

Und weg bin ich.

16

Das war's dann wohl

Ich starre schon seit einer halben Stunde auf dieselbe Buchseite, ohne einen einzigen Satz gelesen zu haben. Die Worte tanzen vor meinen Augen, und irgendwie scheint alles unscharf zu sein. Das kann natürlich auch an der nicht gerade sauberen Sonnenbrille liegen, auf der noch Sonnencremereste und Sand vom letzten Sommer kleben.

Egal. Ich kann mich ohnehin nicht auf die Lektüre konzentrieren. Alles, was mir im Kopf herumspukt, ist *die Wette.*

Warum habe ich davon nichts mitbekommen? Warum haben Janne und Marta mich nicht früher gewarnt? Stimmt es wirklich, dass Giulia nicht Bescheid wusste? Oder ist das Ganze vielleicht nur ein blödes Gerücht?

Doch dann muss ich an das Sprichwort denken, das meine Uroma Justine immer zitiert hat: »Wo Rauch ist, da ist auch Feuer.« Was bedeutet: Wenn blöde Gerüchte über eine Wette im Umlauf sind, dann *gibt* es höchstwahrscheinlich auch eine Wette.

Ich weiß, das Einfachste wäre, mit Lenny zu reden. Aber bevor ich das schaffe, muss ich erst meine Gedanken sortieren.

Deshalb ignoriere ich auch das Vibrieren meines Handys. Vermutlich habe ich schon wieder eine neue Nachricht von

Len. Das war jetzt bestimmt sein zehnter Versuch, mich zu erreichen, das Handy ist inzwischen einmal quer über den Gartentisch gewandert.

Ich habe es mir im Liegestuhl bequem gemacht und bin froh, dass heute Samstag ist. Das heißt, ich muss niemanden sehen, wenn ich nicht will – von meiner Mutter einmal abgesehen. Doch die ist gleich nach dem Frühstück zu einer Messe gefahren und kommt erst heute Abend zurück. Um was es dort geht, habe ich vergessen. War es eine Wellnessmesse, eine Hochzeitsmesse oder eine Erotikmesse? Keine Ahnung, ist ja auch egal. Jedenfalls kann ich mich hier im Gärtchen nach Herzenslust meinen trüben Gedanken hingeben, ohne dass jemand »Was ist denn los, Justine-Kind?« fragt.

Denn das weiß ich selbst nicht so genau! Wobei – eigentlich ja schon. Nur nicht, wie ich in so eine blöde Situation geraten konnte.

Ich versuche, mich zu konzentrieren. Schließe die Augen und begebe mich auf eine Zeitreise, zurück zu dem Tag, an dem meine Mutter mich mit ihrem *Liebesmobil* abgeholt hat. Giulia ist mit eingestiegen, und wir haben anschließend in der Pizzeria gegessen. Das kann mit der Wette allerdings nichts zu tun haben. Und auch sonst war an diesem Tag alles wie sonst. Nichts Auffälliges oder Bemerkenswertes.

Am nächsten Morgen dann habe ich Lenny in der Bibliothek getroffen. Wir haben ein relativ umständliches Gespräch geführt, uns irgendwann schließlich doch verabredet, waren nachmittags zusammen im Kino und am darauffolgenden Wochenende im Park, wo wir uns zum ersten Mal geküsst haben. So fing alles an.

Aber da ist noch etwas anderes, woran ich mich auf einmal wieder erinnere. Die unerklärlichen Flirtversuche der anderen Jungs aus der Clique. Jemand hat mein altes, verwaschenes Shirt gepriesen und wer anders die angebliche Schönheit meiner Augen. Man hat mich zum Eisessen eingeladen und zu einer dubiosen Party. Und mich – was die Krönung von allem war – mit Selena Gomez verglichen! Echt absurd. Ich habe mich darüber zwar gewundert, aber dass mehr dahinterstecken könnte, hätte ich nie vermutet.

Doch mit meinem jetzigen Wissen bewerte ich das Ganze neu. Auch die Gedankenfetzen, die mich damals einfach nur verblüfft haben, bekommen im Rückblick eine völlig andere Bedeutung. Überlegungen wie »Ihre Haare sind eigentlich gar nicht so übel. Das sollte ich ihr mal sagen. Könnte funktionieren« oder »Komplimente kommen immer gut an« oder »Wenn sie Filme mag, geht sie vielleicht auch mal mit mir ins Kino. Was Lenny schafft, das krieg ich doch erst recht hin!« wirken auf einmal erschreckend berechnend.

Und eigentlich lässt das Ganze nur eine Erklärung zu: Die Jungs müssen wohl darum gewettet haben, wer mich für sich gewinnen kann. Das ist einfach nur geschmacklos! Und ich frage mich: warum? Die waren doch nicht wirklich alle verliebt in mich! Ist das etwa so eine Art Männlichkeitsritual?

Plötzlich taucht ein weiteres Bild vor meinem geistigen Auge auf: Lenny, wie er Hand in Hand mit mir ins Klassenzimmer marschiert und dann zu seinem Platz hinüberstolziert, wo ihn die anderen abklatschen und ihm anerkennend auf die Schulter klopfen.

Ich glaube, mir wird schlecht.

Wenn meine Vermutung stimmt, dann hat mich Lenny nicht aus Liebe geküsst. Sondern bloß, um eine Wette mit seinen Kumpels zu gewinnen.

Das darf doch nicht wahr sein!

Kann das wirklich stimmen? Aber warum war er damals in der Bibliothek so wahnsinnig nervös? Ging es ihm auch da nur um die Wette?

Ich fürchte, es gibt nur einen einzigen Weg, das herauszufinden. Seufzend stelle ich die Rückenlehne meines Liegestuhls aufrecht und angele mir mein Handy. Inzwischen sind elf Nachrichten von Len eingegangen:

Hey Justine, hast du heute schon was vor? ♥ Len

Lust auf Schwimmbad? Oder Park? L.

Alles klar bei dir?

Ich glaube, Emmy war an meinem Handy und hat sämtliche Nachrichten gelöscht. Hattest du mir geantwortet? Und falls ja, was?

Du fehlst mir! Meld dich doch mal.

Ein Wochenende ohne Justine ist möglich, aber sinnlos ☺

Oder wir gehen ins Kino, ganz wie du willst. Sogar in einen Kitschfilm, wenn du magst.

Anscheinend bist du unterwegs. Morgen habe ich übrigens auch Zeit. Wobei – eigentlich müsste ich für Englisch lernen. Aber das könnten wir ja auch gemeinsam machen.

Justiiiiiiine!!! Miss U

Geht's dir gut? Mach mir langsam Sorgen!

Ich geh jetzt 'ne Runde mit Buster, danach melde ich mich wieder. 1000 Kisses

Kopfschüttelnd lese ich sie alle. Drei Mal.

Würde so jemand schreiben, der ein falsches Spiel spielt? Der es nicht ehrlich meint? Der einfach nur eine Wette gewinnen wollte? Ich kann und will das nicht glauben. Doch alles spricht dafür, dass es genau so ist.

Ich bringe Buch und Sonnenbrille hinauf in mein Zimmer, wo ich mir eine Jeans und ein frisches Shirt überziehe. Dann mache ich mich auf den Weg zum Park. Ich habe zwar keine Ahnung, wo genau Len mit Buster unterwegs ist, aber ich versuche es einfach mal – schließlich habe ich die beiden auch beim letzten Mal dort getroffen.

Im Park ist ganz schön was los. Ball spielende Kinder, junge Familien, lesende Studenten, knutschende Pärchen, herumalbernde Teenies, weißhaarige Paare, Spaziergänger mit Hunden …

Ich erkenne sie schon von Weitem. Lenny bespritzt Buster

mit Wasser aus dem Tretbecken, und der hüpft herum wie ein Känguru. Ich muss grinsen. Dann fällt mir ein, dass ich nicht zum Vergnügen hier bin, sondern um eine ziemlich ernste Sache zu klären. Meine Miene verfinstert sich automatisch. Entschlossen laufe ich in ihre Richtung.

»Hi, Len«, sage ich, als ich direkt hinter ihm stehe.

Er fährt herum. Seine Miene wechselt von überrascht zu hocherfreut.

Nein, das kann nicht geschauspielert sein!

»Justine – ich hab mindestens eine Million Mal versucht, dich zu erreichen. Was war denn los? Warum hast du mir nicht geantwortet? Ist irgendwas passiert? Du guckst so ernst.« Jetzt wirkt er auf einmal total besorgt.

»Ich war einfach nur beschäftigt«, erwidere ich kurz angebunden. Es fällt mir schwer, so distanziert zu bleiben. Am liebsten würde ich ihm um den Hals fallen, aber ich reiße mich zusammen. Jedenfalls so lange, bis die Sache mit der Wette aus der Welt geschafft ist.

Stattdessen richte ich mein Knuddelbedürfnis auf Buster, der sich auch prompt auf den Rücken wirft, alle viere von sich streckt und sich von mir den Bauch kraulen lässt.

»Hauptsache, du hast jetzt Zeit. Cool, dass du hergekommen bist. Ich bringe Buster gleich nach Hause. Wollen wir danach ein Eis essen gehen?«

Das erinnert mich an den Flirtanfall seiner fragwürdigen Freunde neulich und damit auch zwangsläufig wieder an das Thema, weswegen ich hier bin.

»Vielleicht«, erwidere ich ausweichend. »Zuerst gibt's da was zu klären.«

»Okay, klar. Was gibt's?«

Lenny wirkt total arglos. Nicht so, als würde er befürchten, ich könnte ihm auf die Schliche gekommen sein. Eher so, als hätte er nicht das Geringste zu verbergen!

Ich beschließe, einen Überraschungsangriff zu starten. »Ihr habt also um mich gewettet.«

Meine Taktik funktioniert leider besser als erhofft: Lenny öffnet erschrocken den Mund, als wollte er einen stummen Schrei ausstoßen, dann klappt er ihn wieder zu und wird erst knallrot und schließlich ganz bleich.

Ich habe ihn sprachlos gemacht.

Selten hat es mich so frustriert, recht zu haben.

»Es gab sie also, diese Wette«, bohre ich nach. Meine Gefühle schalte ich mal eben auf Stand-by. Um die kümmere ich mich später wieder, wenn ich zu Hause bin. Momentan befinde ich mich im gnadenlosen Staatsanwältinnen-Modus.

Und der Angeklagte senkt beschämt den Kopf. Noch immer schweigend. Natürlich kann er sein Aussageverweigerungsrecht in Anspruch nehmen, aber ich appelliere an seine Moral.

»Findest du nicht, dass ich es wenigstens verdient habe, die Wahrheit zu erfahren?«

Lenny nickt.

»Das ist eine ganz blöde Geschichte«, fängt er an. »Ich fand das alles von Anfang an doof, aber …«

»Sorry, ich will keine Ausrede hören, sondern eine Erklärung. Wer hat mit wem worum genau gewettet. Fakten, bitte!«

»Okay«, flüstert Len heiser, den Blick zum Boden gewandt. Er kann mir nicht einmal in die Augen sehen, als er es schließlich ausspuckt: »Das Auto deiner Mutter hat die Jungs irgendwie angestachelt. Weil da *Liebesschule* draufsteht und so. Irgendwann hieß es, wie die Mutter, so die Tochter. Und plötzlich stand diese doofe Wette im Raum, wer ... also na ja. Wer dich als Erster rumkriegt.«

»Rumkriegt?« Meine Stimme klingt extrem kühl.

»Na ja. Küsst.«

Das ist übel. Echt übel! Meine schlimmsten Befürchtungen haben sich bestätigt.

»Weil ihr dachtet, bei einer, deren Mutter eine Liebes-schule hat, kann das ja nicht so schwer sein, was?«, frage ich schneidend.

»Hm.«

»Ich kann dich nicht verstehen.«

»Ja«, krächzt Lenny. »Genauso war es. Aber ich habe dich von Anfang an anders eingeschätzt.«

Ach was. Jetzt will er sich auch noch rechtfertigen! Höchste Zeit für das Finale meines Kreuzverhörs. »Wer hat sich alles an der Wette beteiligt?«

»Na ja. Die ganze Clique.«

»Also auch du?«

»Gewissermaßen schon, aber ...«

»Ja oder nein?«

»Ja. Auch ich.« Das war fast unhörbar.

»Und läuft die Wette noch?«

Er schüttelt den Kopf. Das will ich mal gelten lassen.

»Weil es einen Sieger gibt?«

Er nickt.

»Und der wäre?«

»Also die anderen denken ...«

Er bricht ab. Ich warte. Schaue ihn auffordernd an. Nicht unfreundlich. Aber unnachgiebig. Wie konnte er nur so mit meinen Gefühlen spielen? Da muss er jetzt durch.

»Sie denken, das wäre ich.«

Na also, geht doch.

»Bitte hör mir zu, das klingt jetzt alles ganz falsch. Eigentlich war es nämlich so, dass ...«

»Hör mal, Lenny, ich glaube, ich habe für heute genug gehört, über das ich nachdenken muss. Ich gehe jetzt.«

Ich kraule Buster noch einmal hinter den Ohren, dann wende ich mich ein letztes Mal Lenny zu. »Du weißt, dass es vorbei ist mit uns.«

Er scheint mit den Tränen zu kämpfen. »Ich versteh ja, dass du stinksauer bist. Aber ...«

»Irrtum. Ich bin nicht stinksauer. Ich bin enttäuscht. Und verletzt. Und ich habe überhaupt keine Lust auf dein *Aber*. Sorry. Für mich war's das.«

Und bevor ich die Fassung verliere, drehe ich mich auf dem Absatz um und lasse ihn einfach stehen.

Während ich nach Hause stürme, rast nicht nur mein Puls, sondern auch das Gedankenkarussell in meinem Kopf.

Ich habe tatsächlich mit Lenny Schluss gemacht!

Und er hat gestanden.

Das tut so weh! Aber ich bin auch wütend! Vor allem auf mich selbst.

Giulia hatte ja so recht: Die Jungs, die zu dieser Clique gehören, sind alle gleich. Sie wollen nur Party machen und ihren Ruf als Weiberhelden festigen.

Blödmänner! Armleuchter! Vollpfosten!
Für Lenny scheint das zwischen uns nichts Besonderes gewesen zu sein. Für mich aber schon. Darüber ärgere ich mich im Nachhinein maßlos. Mensch, ich bin doch sonst nicht so dumm!

Zum Glück ist meine Mutter noch nicht da, als ich nach Hause komme. So kann ich mich ungesehen in mein Zimmer verziehen, um mich auszuheulen. Ich werfe mich theatralisch aufs Bett, aber es wollen einfach keine Tränen kommen.

Das hat man nun davon, wenn man seine Gefühle ausschaltet, um während des Kreuzverhörs nicht die Fassung zu verlieren. Man findet sie nicht wieder. Und fühlt sich, als wäre man innerlich tot.

Ein unerträglicher Zustand!
Mir fällt nur eine Sache ein, die mich jetzt trösten könnte: Musik. Zum ersten Mal, seit ich hier wohne, packe ich meine Querflöte aus und fange an zu spielen. Erst »Good-bye my almost lover« von A Fine Frenzy, dann Enyas »Only Time« und schließlich »Summertime Sadness« von Lana Del Rey.

Offensichtlich kann man Flöte spielen und gleichzeitig weinen.

17

Wir müssen doch zusammenhalten!

Den Rest des Wochenendes verbringe ich mehr oder weniger im Bett. Meine Mutter zweifelt keine Sekunde daran, dass ich wieder krank bin, und wenn ich mich so im Spiegel betrachte, wundert mich das nicht. Ich sehe einfach furchtbar aus! Blass wie ein Vampir, dunkle Augenringe wie ein Junkie, wirre Haare, als wäre ich in einen Sturm geraten. Außerdem rot verheulte Augen und eine geschwollene Nase.

»Da muss dich wohl eine Sommergrippe erwischt haben«, seufzt Mama und schlägt mir vor, zu inhalieren, ein Erkältungsbad zu nehmen, Hühnersuppe zu essen, einen Tee zu trinken und viel zu schlafen. Das meiste davon kann ich ihr ausreden, den Tee nehme ich aber gern – und schlafen ist das Beste überhaupt. Nichts mehr fühlen, nichts mehr denken. Zum Glück träume ich nicht einmal. Das hätte mir gerade noch gefehlt, dass mich Len bis in den Schlaf verfolgt!

Doch irgendwann kommt der Montagmorgen, und da für heute eine Englischarbeit angekündigt ist, will ich auf keinen Fall fehlen. Weiß doch jeder, dass man beim Nachschreiben immer viel schwierigere Aufgaben gestellt bekommt.

»Sicher, dass du nicht lieber noch zu Hause bleiben willst? Ich schreib dir eine Entschuldigung«, sagt Mama besorgt, als ich abmarschbereit die Küche betrete.

»Schon okay. Mir geht's viel besser«, behaupte ich. Und wundere mich, dass meine Mutter darauf hereinfällt. Vielleicht tut sie auch nur so. Sähe ihr ähnlich. Ihr Erziehungsmotto ist nämlich, dass ich meine eigenen Erfahrungen machen soll. Und wenn ich mir selber schade, muss ich es eben auch selber ausbaden.

Und es gibt allerhand auszubaden!

Allerdings nicht das, was meine Mutter glaubt. Es droht kein Sommergrippe-Rückfall, sondern etwas viel Schlimmeres: das Wiedersehen mit Lenny. Und mit Giulia. Und allen anderen, die Bescheid wissen.

Dabei komme ich mir so schon dumm genug vor, auch ohne hämische Blicke und blöde Bemerkungen.

Nicht zu vergessen all die Gedanken! Die habe ich ja total vergessen.

Umso mehr haut mich das Stimmengewirr um, das mich bereits auf dem Schulhof empfängt und das ich natürlich mal wieder als Einzige hören kann.

»War ja klar, dass die Sache auffliegt.«

»Sie soll getobt haben wie eine Wilde.«

»Trotzdem hat er die Wette gewonnen! Hätt' ich ihm nicht zugetraut.«

»Sie sieht traurig aus. Das war aber auch echt eine fiese Nummer.«

»Was hat sie denn erwartet? Dass er sich mit ihr verlobt?«

»Schon eine coole Socke, der Lenny.«

Ich bin froh, dass es in diesem Moment klingelt und wir in den Musiksaal müssen. Im Treppenhaus warten Giulia und die anderen auf mich.

»Wie geht's dir, Süße?«, säuselt Marta. Das schlechte Gewissen steht ihr ins Gesicht geschrieben.

Ich starre sie an, als hätte sie eine fette Spinne auf der Stirn, und ich schätze mal, so schnell kommt sie nicht mehr auf die Idee, mich *Süße* zu nennen.

»Ich bin noch sauer«, informiere ich sie knapp und rausche an allen vorbei.

Vor Giulia kann ich natürlich nur kurzzeitig davonrennen, denn sie sitzt ja neben mir. Und kaum hat sie sich auf ihren Platz gepflanzt, fängt sie auch sofort an, auf mich einzureden.

»Mensch, Justine, das tut mir alles so leid. Du musst mir glauben, dass ich von alldem nichts geahnt habe.«

Ich zucke nur mit den Schultern. Was soll ich dazu sagen? Überzeugt bin ich nicht. Weder davon, dass sie die Wahrheit sagt, noch davon, dass sie lügt.

»Ich will nicht darüber reden«, erwidere ich.

Mehr Zeit für ein Gespräch bleibt uns ohnehin nicht, denn unsere Englischlehrerin biegt energisch um die Ecke, die Klassenarbeitshefte unter dem Arm. Puh, die ist ja ganz schön dynamisch. Eindeutig wieder genesen. Aber warum taucht sie jetzt schon auf? Eigentlich steht Englisch doch erst für die fünfte und sechste Stunde auf dem Stundenplan.

»Good morning, boys and girls«, begrüßt sie uns. »Ihr habt sicher hier nicht mich erwartet, sondern Herrn Raabe, aber der hat eine Reifenpanne. Der Stundenplan wurde ein bisschen umgestellt, deshalb schreiben wir die Arbeit jetzt sofort, und Musik habt ihr dann anschließend. Ich hoffe, ihr seid alle gut ausgeschlafen und habt fleißig gelernt.«

Gepennt habe ich *sehr* fleißig – gelernt blöderweise fast gar nicht. Eigentlich hatte ich die Pausen fest dafür eingeplant. Tja, verkalkuliert. *Ist ja großartig.* Vielleicht hätte ich doch lieber im Bett bleiben sollen? Aber wie meine Mutter immer sagt: Da muss ich jetzt durch.

Ich werfe einen kurzen Blick zu Giulia rüber. Sie wirkt auch nicht gerade begeistert.

Als es losgeht, merke ich, dass die Prüfungssituation immerhin einen großen Vorteil hat: Zwei Schulstunden lang sind alle voll auf die Aufgaben konzentriert, und keiner kommentiert mein Liebesdesaster – nicht mal mental.

Leider kenne ich mich mit englischen Sprichwörtern nicht besonders gut aus, bei der ersten Aufgabe kann ich schon mal keine Punkte sammeln. Mist. Dafür habe ich dank meines guten Gedächtnisses die Vokabeln voll drauf, und auch das Kreuzworträtsel mit den Berufsbezeichnungen kriege ich einigermaßen gelöst. Allerdings komme ich einfach nicht darauf, was Apotheker auf Englisch heißt.

Hm. Kurz überlegen.

Nein, völliges Blackout.

Okay, dann schreibe ich eben zuerst den Kurzaufsatz über meine eigenen Berufsziele.

»Bestimmt will sie auch eine Liebesschule eröffnen, wie ihre verrückte Mutter«, höre ich von schräg hinten. Wütend fahre ich herum und begegne Oles Blick. Erschrocken guckt er weg. Ich habe ihn ertappt. Und natürlich kapiert er nicht, wie das passieren konnte. Geschieht ihm ganz recht.

Grinsend wende ich mich wieder meinem Heft zu und fange an, ausführlich meine Zukunft als erfolgreiche Juristin zu beschreiben.

Es kommt mir vor, als hätte ich gerade erst damit losgelegt, als die Lehrerin verkündet, dass wir nur noch fünf Minuten Zeit haben.

Jetzt muss ich mich beeilen. Schnell überfliege ich, was ich geschrieben habe, korrigiere ein paar Fehler, die ich spontan entdecke, dann fällt mein Blick auf das Kreuzworträtsel, wo nach wie vor ein paar Felder frei sind.

Apotheker – wie übersetzt man das bloß? Mensch, das MUSS ich eigentlich wissen. Kann doch nicht so schwer sein.

»*Chemist*«, dröhnt es plötzlich quer durch den Klassenraum. Wer war das? Und warum schreitet die Lehrerin nicht ein? Das war doch eindeutig vorgesagt!

Doch alles, was sie uns mitzuteilen hat, ist: »Noch eine Minute!«

In diesem Moment fällt der Groschen: Das war nicht laut vorgesagt, sondern mal wieder nur gedacht. Und *chemist* ist das Wort, nach dem ich so lange gesucht habe. Hastig vervollständige ich das Kreuzworträtsel, und kaum bin ich fertig, heißt es schon »Hefte zu und einsammeln!«.

Puh, noch mal Glück gehabt.

»Sag mal, wusstest du, was Apotheker heißt?«, flüstert Giulia mir zu.

»Klar«, erwidere ich. »Ist doch total easy.«

Irgendwie überstehe ich auch den Rest des Schultages. Im Sport trainieren wir für einen 5000-Meter-Lauf, was die meisten zum entnervten Stöhnen bringt, mir aber sehr recht ist. Weder höre ich Stimmen, noch muss ich reden, nicht einmal aufpassen muss ich – ich kann mich einfach nur auspowern. Die Einzige, die sich genauso anstrengt wie ich, ist Joy.

»Das Rope-Skipping-Training findet übrigens am Freitag um sechs statt, hast du Lust?«, fragt sie mich, als ich anschließend aus der Dusche komme.

»Mal sehen«, sage ich nur. Und weil ich selber höre, wie schroff das klingt, ergänze ich noch:»Danke für die Info.«

Falls Joy gehofft hat, dass ich begeistert zusage, muss ich sie leider enttäuschen. Keine Ahnung, wie es mir am Freitag geht. Heute ist erst Montag, und ich will einfach nur eins: mich zu Hause verkriechen.

Eigentlich spricht alles dafür, dass mein Plan gelingt. Meine Mutter hat den ganzen Nachmittag über Kurse, also bin ich völlig ungestört.

Ich schnappe mir meine Flöte und spiele ein paar traurige Lieder. Da klopft es an meine Tür. Was hat Mama denn schon wieder zu besprechen? Hoffentlich will sie kein Lovestory-Update. Ich habe ihr noch gar nicht gebeichtet, wie furchtbar das mit Lenny und mir schiefgegangen ist.

»Komm rein«, rufe ich und lege die Flöte beiseite.

Doch es ist nicht meine Mutter. Sondern Giulia.

»Nicht böse sein, ich komme in Frieden«, sagt sie und hält einen riesigen Karton hoch. Daraus duftet es verführerisch nach Pizza, und auf einmal merke ich, wie hungrig ich bin.

»Das wär doch nicht nötig gewesen«, sage ich lahm, während Giulia den Karton öffnet.

»War es wohl. Wozu hat man denn Freundinnen, wenn nicht für Erste Hilfe bei Liebeskummer? Wir müssen doch zusammenhalten!«

Wir setzen uns im Schneidersitz auf den Boden und lassen uns die bereits in Stücke geschnittene Riesenpizza schmecken. Schweigend. Und nachdenklich – ich jedenfalls.

Warum bin ich eigentlich sauer auf Giulia? Keine Ahnung. Ich habe mich verraten gefühlt. Weil die anderen von dieser blöden Wette wussten. Aber vielleicht war Giulia wirklich nicht eingeweiht? Ich habe sie als sehr offen und ehrlich kennengelernt. Und ich muss zugeben, dass sie mich von Anfang an vor Lenny gewarnt hat. Ich wollte das nur nicht hören.

»Du hättest mir davon erzählt, wenn du Bescheid gewusst hättest, stimmt's?«

Sie schaut mich an, ohne zu blinzeln. Dann nickt sie. »Du hast's erfasst.«

Damit ist die Sache geklärt. Mehr Aussprache ist nicht nötig. Allerdings ist jetzt wohl eine Entschuldigung fällig.

»Sorry, ich hab wohl ganz schön überreagiert«, sage ich und schäme mich wirklich.

»Schon okay. An deiner Stelle wär ich auch durchgedreht.«

Giulia ist einfach die Coolste!

»Übrigens ist die Pizza nicht das Einzige, was ich mitgebracht habe«, verkündet sie jetzt und springt auf. »Hier: jede Menge Trostschokolade. Und ein paar Filme, die speziell für Situationen wie deine gedreht wurden. Natürlich auch Taschentücher. Die werden wir brauchen, egal, für welchen Film du dich entscheidest.«

Eigentlich habe ich gar keine Lust auf eine Schnulze, aber

Giulia hat sich so viel Mühe gemacht, da seh ich mir die Auswahl, die sie mir stolz präsentiert, wenigstens einmal an.

Im Angebot sind *Die Ex-Freundinnen meines Freundes*, *Before Sunrise*, *Bridget Jones*, *Vom Winde verweht* und *Er steht einfach nicht auf dich*.

Spontan greife ich zu der DVD mit dem altertümlichsten Cover. Es zeigt ein gut aussehendes Paar in festlichem Outfit. Sie neigt den Kopf anmutig nach hinten, während er sich zu ihr herunterbeugt, um sie zu küssen. Hach! Auf eine dieser aktuellen Komödien habe ich keine Lust, aber dieses *Vom Winde verweht* ist bestimmt wunderbar altmodisch und gefühlvoll.

»Wie wär's damit?«, schlage ich vor und halte Giulia das Cover hin.

»Ausgerechnet! Der ist mindestens hundert Jahre alt! Aber du entscheidest …«

»Nur achtzig Jahre. Außerdem hat er einen ganzen Haufen Oscars gewonnen.«

»Dann wäre es ja eine regelrechte Bildungslücke, ihn nicht zu kennen«, grinst Giulia. »Okay, los geht's!«

Zum Glück hat sie genug Taschentücher und Trostschokolade mitgebracht, denn der Film dauert fast vier Stunden! Es sind 238 Minuten voller Romantik, Sturheit, Südstaatengeschichte, Emotionen, Gerüchte, Missverständnisse, Krieg, Leidenschaft, Drama, Schuld und Vergebung.

Als der Film zu Ende ist, seufzen Giulia und ich laut und strecken unsere steifen Glieder. Mir war gar nicht aufgefallen, dass meine Beine eingeschlafen sind, so sehr hat die Geschichte mich gefesselt.

»Siehst du, selbst Scarlett ging es ohne Kerl besser. Sie war eine starke Frau, und weder Ashley noch Charles noch Frank noch dieser Rhett haben ihr gutgetan«, kommentiert Giulia, während sie die DVD wieder zurück in die Hülle steckt.

»Genau. Liebe macht bloß unglücklich!«, stimme ich ihr zu. »Freundschaft ist viel besser.«

Ja, ich kann mich wirklich glücklich schätzen, eine Freundin wie Giulia zu haben!

»Na ja«, murmelt die und wird ein bisschen rot.

Was ist denn mit ihr los? Ich starre sie auffordernd an.

Sie zuckt mit den Schultern und wird noch röter. »Vielleicht ist Liebe ja *nicht immer* blöd.«

Mehr will sie nicht erzählen. Aber so einfach lasse ich mich nicht abspeisen. Denn ich finde es herrlich, zur Abwechslung mal über *ihre* Gefühle zu reden statt über das Chaos, das meine angerichtet haben.

Ich bohre so lange nach, bis sie es endlich ausspuckt: »Es geht um Cem. Ich finde ihn wahnsinnig süß, aber er behandelt mich wie Luft. Scheinbar weiß er nicht einmal, dass ich überhaupt existiere. Wenn er fies zu mir wäre, wüsste ich wenigstens, dass er mich wahrnimmt.«

Wow, da habe ich ihr ja einen richtigen Hammer entlockt. Sie steht also auf Cem. Kann ich durchaus verstehen. Er ist klug, wenn auch ein bisschen verschlossen, außerdem ziemlich groß, durchtrainiert und hat rehbraune Augen mit unfassbar langen Wimpern. Vor allen Dingen gehört er nicht zu den Jungs, die mit fiesen Gedanken die Atmosphäre vergiften.

»Ach, der ist bestimmt nur schüchtern«, tröste ich meine Freundin.

Und in diesem Moment beschließe ich, meine ungewöhnliche Gabe endlich für etwas Gutes zu nutzen: nämlich um Giulia beim »Projekt Cem« zu unterstützen. Dabei muss mir meine Fähigkeit zu hören, was Jungs wollen, doch irgendwie helfen können. Ich weiß zwar noch nicht so genau, wie, aber das werde ich herausfinden. Wie Giulia vorhin schon sagte: Wir müssen schließlich zusammenhalten!

18

Diese verflixten Gefühle

Okay, auf geht's! Ich selbst will mit der Liebe vorerst zwar nichts mehr zu tun haben, dafür lege ich mich als Beraterin für Giulia umso mehr ins Zeug. Ich will unbedingt herausfinden, was Cem empfindet.

Ist ihm Giulia wirklich noch überhaupt nicht aufgefallen? Das wäre ein mittleres Wunder, bei ihren Multicolor-Dreadlocks und den ausgefallenen Klamotten, die sie immer trägt. Heute zum Beispiel hat sie grasgrüne Röhrenjeans an, dazu Boots mit Eichhörnchen-Printmotiv und eine schwarze Bluse mit Pailletten. Das kann man doch gar nicht übersehen! Vielleicht steht er einfach nicht auf ihren Style? Das könnte natürlich sein. Aber Giulia ist so ein fröhlicher, positiver, hilfsbereiter Mensch, man muss sie einfach mögen, selbst wenn man Dreadlocks hasst!

»Ich setze mich bei der Versammlung in Cems Nähe, vielleicht kommen wir ins Gespräch, und ich kann ihm entlocken, was er über dich denkt«, sage ich zu Giulia, denn ich kann ja schlecht verraten, dass ich mich in seinen Kopf einklinken werde.

»Meinst du, das funktioniert?« Giulia ist skeptisch. Wenn sie wüsste!

»Es kommt auf einen Versuch an«, sage ich. »Vertrau mir, ich kriege bestimmt was heraus.«

Die Versammlung, zu der alle zehnten Klassen eingeladen sind, findet in der Aula statt. Herr Krause, unser Deutschlehrer, leitet die Veranstaltung. Es geht um den Ausflug nächste Woche. Eigentlich war geplant, dass wir alle gemeinsam nach Bochum fahren, um uns *Starlight Express* anzuschauen. Dummerweise hat etwas mit der Ticketbuchung nicht geklappt.

»Es, ähm, hat da einen Fehler im Online-Buchungssystem gegeben«, behauptet Herr Krause, und ich bin sicher, unter seinem dichten Bart wird er knallrot, denn tatsächlich hat er die Sache einfach verschwitzt, das höre ich genau. Er hat ein wahnsinnig schlechtes Gewissen, und mich wundert es, dass ihn nicht alle durchschauen. Das muss man doch auch merken, wenn man keine Gedanken lesen kann!

Auch Cem, der direkt vor mir sitzt, schüttelt den Kopf. Etwa aus Enttäuschung, weil er sich so auf das Musical gefreut hat? Oder doch eher, weil er Herrn Krauses Ausrede durchschaut?

»Eski tas, eski hamam«, denkt er.

Ähm. Wie bitte? Ich versteh nur Bahnhof.

Es dauert einen Moment, bis ich es schnalle: *Cem denkt auf Türkisch!* Mist. Damit habe ich ja überhaupt nicht gerechnet. Was nützt es mir, seine Gedanken zu hören, wenn ich sie nicht verstehe? Da muss ich mir echt was einfallen lassen. Türkisch lernen. Oder ihn dazu bringen, seinen Kopf auf Deutsch umzuschalten.

»Statt der Musicalfahrt können wir euch zwei Alternativen anbieten«, fährt Herr Krause vorne auf der Bühne fort. »Es gibt zwei interessante Museen, die wir besuchen werden.«

Allgemeines Stöhnen. Museum statt Musical, was ist denn das für eine lahme Alternative? Doch Herr Krause fährt ungerührt fort: »Und weil die Themen so unterschiedlich sind, teilen wir nicht klassenweise auf, sondern nach Interesse. Angebot eins ist eine interaktive Richard-Löwenherz-Ausstellung und Angebot zwei eine Multimedia-Reise durch den menschlichen Körper. Wir bitten euch gleich um Abstimmung per Handzeichen und hoffen, dass dabei möglichst gleiche Gruppengrößen zustande kommen.«

Der Rest seiner Ansprache geht in allgemeinem Gemurmel unter. Einige sind genervt, dass die Organisation mal wieder schiefgelaufen ist. Andere haben auf Museen einfach keinen Bock. Den meisten aber ist es egal, wohin der Ausflug geht, Hauptsache, es findet kein Unterricht statt und sie sind mit ihren Freunden in derselben Gruppe.

Mich persönlich würde ja Richard Löwenherz sehr interessieren. Ich sehe mich um. Wie es aussieht, haben sich die Jungs aus Timms Clique schon darauf festgelegt. Was bedeutet, dass auch Lenny mit dabei sein wird ... Und als hätte er es geahnt, schaut er zu mir rüber und lächelt. Es ist allerdings nicht das fröhliche Lenny-Grinsen, das ich gewohnt bin, sondern ein ziemlich trauriges Lächeln. Hastig senke ich den Blick, doch mein Herz pocht wie verrückt. Schnell an etwas anderes denken!

Während Herr Krause vorerst erfolglos versucht, für Ruhe zu sorgen, googele ich schnell, was »Eski tas, eski hamam« bedeutet. Ungläubig lese ich, dass die Übersetzung »Alte

Schüssel, altes Bad« lautet. Das ist ja noch viel kryptischer! Nach ein paar weiteren Klicks löst sich das Rätsel: Cem ist keineswegs übergeschnappt, sondern hat lediglich ein türkisches Sprichwort benutzt, das so viel bedeutet wie »Immer der gleiche Mist«.

Alles klar. Das ergibt Sinn.

»Hast du dich schon entschieden?«, wendet sich Colin an Cem, der neben ihm sitzt. Gespannt spitze ich die Ohren. Wenn sich Cem für Richard Löwenherz entscheidet, werde ich wohl in den sauren Apfel beißen müssen. So ein Ausflug bietet schließlich eine super Gelegenheit, ihn ein bisschen auszuhorchen.

»Das mit dem menschlichen Körper klingt interessant«, erwidert Cem zu meiner großen Erleichterung, und damit ist auch für mich die Entscheidung gefallen.

»Hast du es dir eigentlich überlegt?«, fragt mich Joy, als wir nach der Abstimmung die Aula wieder verlassen. Irgendwie wurde sie im allgemeinen Gedränge direkt neben mich geschoben und schaut mich jetzt neugierig an.

»Na logisch – ich hab mich für die Reise durch den Körper entschieden. Und du?«

»Ich auch. Aber das meinte ich nicht. Eigentlich wollte ich wissen, ob du am Freitag mit zum Rope Skipping kommst.«

Ups. Das hatte ich ja total vergessen.

»Warte, ich zeig dir mal ein Video von unserem letzten Wettbewerb«, sagt Joy, als wir endlich wieder an der frischen Luft sind, und zückt ihr Handy.

»Ach, das ist doch nicht nötig … WOW!« Ich bin baff. So

cool hätte ich mir das nicht vorgestellt. Zu »Move your Body«
von Beyoncé zeigen die Rope Skipper eine atemberaubende
Show – schnell, artistisch und absolut synchron.

»Der Wahnsinn! Wer hat sich denn diese tolle Choreografie ausgedacht?«, frage ich tief beeindruckt.

»Das war ich«, sagt Joy und grinst breit. »Übrigens haben
wir mit diesem Auftritt im letzten Herbst die Regionalmeisterschaften gewonnen.«

Und in dieser megastarken Truppe will sie mich dabeihaben? Bin ich dafür überhaupt gut genug?

»Ich kann da bestimmt nicht mithalten – bisher habe ich
doch nur Hockey gespielt. Und na ja, ich gehe joggen.«

»Ist doch super, dann hast du auf jeden Fall schon mal eine
gute Kondition. Und die brauchst du auf jeden Fall. Also, wie
sieht's aus: Hast du Lust?«

Auf einmal fällt mir die Entscheidung überhaupt nicht
mehr schwer. »Bin dabei!«

»Was hast du herausgefunden?«, bestürmt mich Giulia in der
Pause.

»Nicht viel«, gebe ich zu – außer dass Cem auf Türkisch
denkt. »Aber spätestens beim Ausflug fühle ich ihm auf den
Zahn.«

»Fährt er denn auch zu Richard Löwenherz? Ich habe mich
gleich dafür angemeldet. Jungs fahren doch alle auf Ritterrüstungen und so ab. Ich muss es nur geschickt anstellen, dann
ist der Platz im Bus neben ihm noch frei, wenn ich einsteige,
und ich setze mich da einfach hin. Er wird mich schon nicht
verjagen, dazu ist Cem viel zu höflich.«

»Das wird wohl nicht klappen«, kläre ich sie auf, »Cem hat sich für das andere Angebot entschieden. Und ich deshalb auch. Ich werde ihn nicht aus den Augen lassen, versprochen.« Giulia fällt aus allen Wolken.

»Ernsthaft? Das darf doch nicht wahr sein! Da hab ich mich wohl verspekuliert. Ich hätte geschworen, dass ich gesehen habe, wie er sich für das Ritterdingens meldet.«

Tja, schwören und jammern hilft jetzt nichts mehr. Ich habe genau gesehen, wofür Cem gestimmt hat, schließlich saß er direkt vor mir.

»Dann musst du es eben so deichseln, dass *du* neben ihm sitzt. Aber pass bloß auf, dass er sich nicht aus Versehen in dich verliebt statt in mich!«

»Keine Sorge, das werde ich schon verhindern. Außerdem bin ich immun! Ich sende keine Gefühlssignale aus und empfange auch keine, das schwör ich!«

Giulia seufzt. Erleichtert, aber auch sehnsüchtig. Sie ist wohl alles andere als immun. Im Gegenteil, es hat sie schwer erwischt. Die Ärmste!

Am Donnerstagnachmittag wage ich mich zum ersten Mal in die Orchester-AG. Frau Sonnenberg ist hocherfreut, als ich mit meiner Querflötentasche den Proberaum betrete, denn die Flöten sind hier generell schwach besetzt. Im Gegensatz zu den Trompeten oder den Geigen.

Zu meiner großen Überraschung entdecke ich auch Cem, der am Schlagwerk steht und gleich mehrere Instrumente bedient: Trommel, Becken und Triangel, Glockenspiel, Xylofon, Gong und noch so einige mehr.

Ich winke ihm zu, und er nickt freundlich zurück. Was er denkt, geht leider in seinem Trommelwirbel unter. Aber ich bin mir fast sicher, meinen Namen gehört zu haben und irgendwas mit »Freundin von«. Blöderweise verstehe ich nicht, ob er mich als Giulias Freundin identifiziert hat oder als die von Len. Wobei – nein, dass wir Schluss gemacht haben, müsste sich auch bis zu Cem herumgesprochen haben.

Was bedeutet, dass er bei meinem Anblick spontan an Giulia gedacht hat. Was ja schon mal ein guter Anfang wäre!

Außerdem heißt es, dass sein Gehirn hin und wieder auf Deutsch umschaltet. Perfekt!

Als mir Frau Sonnenberg mein Notenheft überreicht, stelle ich erfreut fest, dass sie gerade dasselbe Michael-Jackson-Medley einüben, das wir letztes Jahr im Internat gespielt haben. Sehr gut! Damit wird mir der Einstieg auf jeden Fall leichter fallen, als wenn ich mich in etwas ganz Neues einarbeiten müsste, was die anderen schon super draufhaben. Es ist eher umgekehrt: Die anderen sind noch ziemlich am Anfang, und das Ganze klingt mehr nach Katzenjammer als nach King of Pop, aber das wird sich nach ein paar Proben garantiert ändern, das war damals in der Falkenburg genauso. Ich halte mich mit meinem Spiel vorerst zurück, denn es gibt nur eins, was mir noch unangenehmer wäre, als negativ aufzufallen: nämlich für eine Streberin gehalten zu werden.

In der Pause kommt Cem sogar zu mir rüber und macht ein bisschen Small Talk. Fragt, wie lange ich schon Querflöte spiele und was meine Lieblingsstücke sind. Ich denke an Giulias Bedenken, Cem könnte Gefühle für mich entwickeln, und antworte höflich, aber knapp. Dann ärgere ich mich über mich selber, denn er scheint wirklich ein netter Kerl zu sein. Er hat es nicht verdient, dass ich so kurz angebunden reagiere.

»Spielt eigentlich außer dir niemand aus unserer Klasse im Orchester mit?«

»*Sie* ja leider nicht«, schießt ihm spontan durch den Kopf. Immerhin wieder auf Deutsch, aber leider kann ich nur spekulieren, wen er damit meint.

»Doch, Lenny. Wir beide teilen uns normalerweise die Position am Schlagzeug, aber heute hat er einen Zahnarzttermin«, klärt er mich auf und versetzt meiner Laune damit einen gehörigen Dämpfer.

Ausgerechnet Lenny!

»Der ist gar nicht so verkehrt«, meint Cem, als wäre er derjenige, der Gedanken hören kann. Vermutlich hat er einfach nur meine mürrische Miene richtig interpretiert. »Wenn er nicht ausgerechnet mit Timm und seinen Spackos abhängt, finde ich ihn sogar richtig nett.«

»Na ja«, erwidere ich nur und bin froh, dass Frau Sonnenberg das Ende der Pause verkündet.

Es geht weiter mit »Bad«, und es kommt mir fast vor, als wäre das Michael Jacksons Kommentar zu der ganzen Lenny-Sache. Oh ja, die lief wirklich ziemlich *bad* für mich. Aber der Sport, die Musik, das Giulia-und-Cem-Projekt und die Bücher helfen mir, mich abzulenken. Und am Samstag steht Kino auf dem Programm – ein neues Gerichtsdrama mit Russell Crowe startet diese Woche, und das darf ich mir natürlich nicht entgehen lassen. Zum Glück waren auch Giulia und die anderen sofort begeistert, und ich bin sicher, dass ich bei all diesen tollen Plänen überhaupt keine Zeit haben werde, an Len zu denken. Fast sicher.

»Na, ist dein Muskelkater noch nicht besser?«, grinst Joy, als ich am Montagmorgen in den Bus steige. Mit der Anmut einer Hundertjährigen vermutlich – du liebe Zeit, war dieses Rope Skipping anstrengend!

»Wird gar nicht besser«, ächze ich und humpele durch den Mittelgang. Schon vorgestern im Kino bin ich mit meinem Extrem-Muskelkater die reinste Lachnummer gewesen, und ehrlich gesagt, habe ich mit schmerzverzerrtem Gesicht ziemlich laut mitgelacht. Es ist aber auch zu absurd! Da trainiert man seit Jahren regelmäßig, und dann so was. Als hätte ich in meinem ganzen Leben noch niemals Sport getrieben!

»Keine Sorge, das ist total normal. Ging mir anfangs genauso«, tröstet Joy mich. »Oh, schau mal, da sind zwei leere Plätze nebeneinander. Wollen wir?«

Puh, das ist jetzt aber blöd. Ich kann ja schlecht zugeben, dass ich mich aus strategischen Spionagegründen eigentlich neben Cem setzen wollte.

»Klar, okay«, erwidere ich und bemühe mich, nicht allzu enttäuscht zu klingen.

Doch ich habe Glück: Als Nächster steigt Cem in den Bus, und er pflanzt sich auf den Sitz direkt hinter meinem.

»Ob sie wohl auch kommt?«, höre ich laut und deutlich. Da Joy nicht darauf reagiert, kann ich davon ausgehen, dass seine Frage nur ein Gedanke war. Um wen es wohl diesmal ging? Auf jeden Fall scheint es ihn ganz schön erwischt zu haben. Was natürlich perfekt ist, falls er Giulia meint, und einfach nur beschissen, falls es jemand ganz anderes sein sollte. *Diese verflixten Gefühle!* Was bin ich doch froh, wieder zu den normal Denkenden zu gehören. Verliebt zu sein vernebelt einem ja sämtliche Sinne.

»Schade, dass sich Frieda, Celine, Janne und Giulia für die Richard-Löwenherz-Ausstellung entschieden haben«, sagt Joy, während sie in ihrem Rucksack herumkramt. Was sie wohl sucht?

»Schade. Dann werde ich sie heute also überhaupt nicht sehen. Ich hätte mich doch für die andere Tour entscheiden sollen.«

Das kam wiederum von Cem. Okay, wir kommen der Sache näher: Er steht auf eine unserer Freundinnen! Aber welche der vier ist es?

»Da ist es ja«, sagt Joy und zieht eine Bäckereitüte mit einem gigantischen belegten Brötchen hervor.

»Wow, du willst jetzt schon was essen – noch vor der Abfahrt?«

»Ach, weißt du, Ausflüge machen mich immer hungrig. Dich nicht?«

Jetzt, da sie es sagt, knurrt mir spontan der Magen, und ich beschließe, meine Butterbrezel doch nicht bis zum Mittag aufzuheben. Dann wäre sie ohnehin nicht mehr so frisch wie jetzt, sondern eher wie Gummi.

»Ist neben dir noch frei oder wartest du auf jemanden?«

Oh nein – das ist Len. Warum ist er hier? Er sollte doch in dem anderen Bus sitzen …

»Setz dich ruhig«, nuschelt Cem. Und in Gedanken fügt er hinzu: »Jetzt ist sowieso alles egal.« Den Rest seiner Überle-

gungen bekomme ich dummerweise nicht mit. Es ist ein end-
loser türkischer Wortschwall, den ich mir unmöglich merken
und daher auch nicht online übersetzen lassen kann.

»Magst du ein Stück Pizza? Sie ist allerdings von gestern
und kalt«, bietet Len seinem Sitznachbarn an.

Igitt – kalte Pizza! Das ist ja mindestens so widerlich wie
warme Apfelsaftschorle oder welker Salat oder …

»Klar«, freut sich Cem. »Liebend gern!«

Kann es sein, dass er beim Stichwort Pizza ein ganz be-
stimmtes Mädchen im Sinn hat?

19

Seni seviyorum

Das Museum ist ziemlich beeindruckend. Wir tragen alle Headsets, um dem Audio-Guide zu folgen. So bekommen wir an jeder Station spannende Infos aufs Ohr, während wir durch eine gigantische Darstellung des menschlichen Körpers laufen.

Als wir uns in der linken Herzkammer befinden, sehe ich Cems verträumter Miene an, dass er an seine Angebetete denkt, doch leider höre ich nur die Stimme, die aus dem Kopfhörer kommt und mich darüber informiert, wie oft ein Herz im Laufe eines durchschnittlich langen Lebens schlägt – nämlich ungefähr drei Milliarden Mal. *Der Wahnsinn!* Untermalt wird das Ganze durch ein dumpfes Wumm-Wumm, das wohl einen Herzschlag imitieren soll.

Das Herz ist also ein Hochleistungsmotor beziehungsweise ein unglaublich faszinierender Muskel. Er pumpt Blut durch unseren Körper, versorgt unsere Organe mit Sauerstoff und hält uns damit am Leben.

Auch wenn unzählige Gedichte, Songtexte und Redewendungen das Gegenteil behaupten: Das Herz hat überhaupt nichts mit Gefühlen oder gar Liebe zu tun. Sondern ist einfach nur das wichtigste aller Organe.

Gefühle spielen sich im Kopf ab. Die meisten davon sind pure Einbildung. Vermutlich ist Liebe nichts weiter als die Sehnsucht danach, sich nicht so allein und verloren zu fühlen. Ein Hirngespinst.

Cem scheint das anders zu sehen. Für einen Moment nehme ich mein Headset ab, und da höre ich es eindeutig: »Ach, Giulia«, denkt er, »seni seviyorum.« Und auch ohne ein Wort Türkisch zu können, ahne ich, was das wohl bedeutet. Ein kurzer Handy-Check gibt mir recht: Natürlich heißt es »Ich liebe dich«. Was auch sonst?

Yesss! Damit ist ja wohl alles klar. Cem ist hoffnungslos in Giulia verknallt. Meine Mission ist erfüllt – ich kann Giulia grünes Licht geben! Am besten schicke ich ihr gleich eine WhatsApp und schreibe …

Tja, was eigentlich? Ich kann schlecht behaupten, Cem hätte mir seine Gefühle offenbart. Schließlich haben wir ja überhaupt nicht miteinander geredet, und das käme früher oder später heraus.

Und dass ich eindeutig gehört habe, wie er sie im Stillen auf Türkisch angeschmachtet hat, kommt auch nicht infrage. Die Wahrheit würde Giulia bestimmt nicht glauben. Ich glaube es ja selbst kaum! Obwohl ich mich inzwischen schon recht gut an meine neue Fähigkeit gewöhnt habe.

Oh Mann, das Ganze ist aber auch wirklich zu skurril!

Während wir weiter durchs Innere eines überdimensionalen Plastikmenschen marschieren, brüte ich darüber, wie ich meiner Freundin die gute Nachricht überbringen kann, ohne mich zu verraten, doch es will mir einfach nichts einfallen – weder in der Mundhöhle, wo uns die Geschmacksregionen auf der Zunge erklärt werden, noch im Gehirn, das mir wie ein einziges Labyrinth vorkommt. Kein Wunder, dass ich beim Grübeln dauernd in einer Sackgasse lande.

»Hey, hattest du keinen Spaß?«, fragt Joy, als wir uns nach dem Rundgang noch eine Cola im Museumscafé gönnen.

»Doch, klar, das war total spannend«, beeile ich mich zu versichern. Offenbar wenig überzeugend.

»Du wirkst irgendwie so bedrückt«, meint Joy und mustert mich eindringlich.

»So sehe ich immer aus, wenn ich mich konzentriere«, behaupte ich. »Waren ja auch jede Menge Fakten.«

»Ach, das alles kann sich doch eh keiner merken. Oder weißt du etwa noch, wie oft ein menschliches Herz im Laufe eines Lebens pumpt? Oder wie viele Geschmacksknospen man auf der Zunge hat? Oder wie viele Muskeln man zum Lächeln braucht?«

»Klar. Drei Milliarden Mal. Ungefähr achttausend Geschmacksknospen. Und es sind hundertfünfunddreißig Muskeln.«

»Wow. Hast du etwa einen Computer da oben?«, staunt Joy und tippt sich an die Stirn.

»Haben wir doch alle«, grinse ich.

»Na, so gefällst du mir schon besser!«, sagt Joy und lächelt nun ebenfalls. »Aber wenn dich was bedrückt, lass es einfach raus. Ich bin eine gute Zuhörerin. Falls es um die Sache mit Lenny geht …«

»Nein, über den bin ich hinweg. Total!«

»Und es macht dir überhaupt nichts aus, dass er im Bus hinter uns sitzt?«

Ich zucke mit den Schultern, und selbst dabei meldet sich der Rope-Skipping-Muskelkater. »Da kannst du drauf wetten.«

Nun ja, das stimmt nicht so ganz. Als ich auf der Heimfahrt mit anhören muss, wie Lenny mit Cem über Hunde spricht, denke ich natürlich sofort an Buster und unser Kuss-Training im Park. Damals war die Welt noch in Ordnung. Jedenfalls glaubte ich das. In Wahrheit hatte Lenny schon zu diesem Zeitpunkt nichts anderes im Sinn als die Wette.

Wobei – schon seltsam, dass ich davon überhaupt nichts mitbekommen habe. Noch seltsamer ist es, dass ich seine Gedanken noch immer nicht wieder hören kann.

Nicht, dass mir das was ausmachen würde. Im Gegenteil. Ich bin sogar froh darüber. Aber merkwürdig finde ich es trotzdem.

Hm.

Kann es sein, dass ich meine Fähigkeit, in den Kopf eines Jungen hineinzuhorchen, in dem Moment verliere, in dem ich mich in ihn verliebe? Wenn ich mich richtig erinnere, hat es an dem Nachmittag im Park aufgehört, an dem wir uns zum ersten Mal geküsst haben. Ist das vielleicht der Schlüssel? Dann müsste ich im Grunde nichts anderes tun, als all meine Klassenkameraden abzuknutschen. Und die Jungs aus den anderen Klassen ebenfalls. Und überhaupt alle männlichen Wesen, denen ich begegne … und schon wäre es vorbei mit dem Fluch.

Wobei das vermutlich noch viel nerviger wäre, als ihre geistigen Verrenkungen mitzuverfolgen.

Wie zum Beispiel jetzt gerade die von Cem.

Während Joy ihr Nackenkissen auspackt und es sich für ein Nickerchen bequem macht, hole ich mein Buch hervor und versuche zu lesen, doch Cems liebestolle Grübelei macht das leider unmöglich. Fast wäre es mir lieber, er würde sich weiterhin mit Len unterhalten. Selbst auf die Gefahr hin, dass mich das an Dinge erinnert, die ich lieber vergessen möchte.

Irgendwann kapituliere ich, klappe das Buch einfach zu, schließe die Augen und verfolge mit, was in Cem vorgeht. Vielleicht schnappe ich ja was Interessantes auf.

Es ist ganz schön anstrengend, mich zu konzentrieren, denn er switcht dauernd zwischen Deutsch und Türkisch hin und her. Seine Gedanken rasen nur so und sind ziemlich verwirrend:

»*Bıdı bıdı vıdı vıdı* ... wenn ich nur wüsste ... *bıdı bıdı vıdı vıdı* ... ob ich sie einfach ansprechen kann ... *bla bla bla* ... Schicksal ... *bıdı bıdı vıdı vıdı* ... ein Zeichen ... *bla bla bla* ... ihr Lächeln, ihre Augen, ihre Papageienohrringe ... *bıdı bıdı vıdı vıdı* ... ob sie mit mir ausgeht ... *bla bla bla* ... bestimmt lacht sie mich aus ... *bıdıbıdı vıdı vıdı* ...«

Okay. Erst mal die Fakten sortieren. Wenn ich die Sache recht verstehe, wagt Cem sich nicht, Giulia anzusprechen, weil er Angst hat, sie könnte ihn abweisen, und deshalb hofft er auf ein Zeichen des Schicksals.

Nun ja. Den ersten Teil kann ich ja noch nachvollziehen, aber dann wird's schräg.

Was denn bitte für ein Zeichen? Vielleicht Schnee mitten im Sommer? Eine Sonnenfinsternis? Geheimnisvolle Flammen am Nachthimmel?

Ich fürchte, für so etwas bin ich einfach zu realistisch. Ich glaube nur an das, was ich sehe. Na ja, und neuerdings auch an das, was ich höre.

Vielleicht war ja der Kugelblitz auch ein Wink des Schicksals?

Aber ich schweife ab. Es geht gerade nicht um mich, sondern um Giulia und Cem. Die beiden wären wirklich ein süßes Paar! Er mit seiner ruhigen Art und seinem freundlichen Blick, sie mit ihrer guten Laune und ihrem flippigen Outfit ...

Moooment. Apropos Outfit! Dazu hat Cem doch auch was erwähnt – ja, genau. Ich glaube, ich kann ihm sein ersehntes Zeichen verschaffen.

Mein Handy hat nur noch zwanzig Prozent Saft, aber für eine Nachricht wird es reichen.

> Hey Giulia,
> sag mal, hast du zufällig Papageienohrringe?
> Hugs, Justine

Ihre Antwort kommt schon nach wenigen Sekunden. Es ist eine Sprachnachricht. Ich halte mein Handy ganz dicht ans Ohr, damit niemand außer mir etwas mitbekommt. Schon gar nicht Cem.

»Ciao, Justine, das ist ja verrückt, dass du mich danach fragst. Wie kommst du denn darauf? Die habe ich seit Ewigkeiten nicht mehr getragen, aber nicht, weil ich sie hässlich finde, im Gegenteil, ich steh ja voll auf Papageien, deshalb gefällt mir ja auch der Bikini so gut, den mir Marta geschenkt hat. Dooferweise hab ich einen der Ohrringe verloren, und das schon vor Fasching. Aber gestern ist er wieder aufge-

taucht. Du rätst nie, wo er war: Er steckte in meinem Rucksack, den ich nur für besondere Anlässe nehme, zum Beispiel
für Ausflüge, so wie heute. Wie war übrigens euer Museum?
Die Richard-Löwenherz-Ausstellung hätte mir bestimmt super gefallen, wenn ich mich darauf konzentriert hätte, aber
ich war mit den Gedanken immer woanders, hihi, du ahnst
sicher, wo …«

Da hat wohl jemand akuten Sprechdurchfall, denke ich
und muss kichern. Am liebsten würde ich ihr ebenfalls per
Sprachnachricht antworten, doch das ist leider nicht möglich,
es sei denn, ich ginge auf die miefige Bustoilette, wo mich niemand hören kann. Das spare ich mir lieber! Stattdessen tippe
ich meine Antwort wieder:

> Im menschlichen Körper war es ziemlich
> spannend, aber ich konnte mich auch nur so
> halbwegs konzentrieren.
> Was die Ohrringe betrifft: Zieh sie bitte morgen
> an. Unbedingt! Und frag nicht, warum!

Diesmal schreibt sie auch zurück:

> Du weißt schon, dass das ziemlich verrückt
> klingt, oder? Also entweder hast du den Ver-
> stand verloren oder Schnapspralinen gefuttert,
> oder es gibt einen guten Grund. Wobei mir keiner
> einfällt, der irgendwie logisch wäre. Also tippe
> ich auf die Schnapspralinen ☺ – aber okay, ich
> zieh morgen die Ohrringe an. Zufrieden? XOXO

Soll sie doch glauben, was sie will! Am Ende wird sie mir noch dankbar sein. Wobei – wenn alles gut geht, wird sie das Ganze für einen glücklichen Zufall halten. Egal. Hauptsache, es funktioniert.

> **Jepp, sehr zufrieden!** ☺

Jetzt hat mein Akku nur noch dreizehn Prozent. Gleich geht gar nichts mehr. Da kommt eine erneute Nachricht von Giulia.

> **Hey, das hab ich ja ganz vergessen zu fragen: Hast du mit Cem gesprochen? Und was sagt er? Glaubst du, er mag mich???**

Das glaube ich nicht nur, das weiß ich sogar ganz sicher. Aber damit kann ich jetzt leider nicht rausrücken. Sie muss das schon selbst herausfinden. Bald …

Also bleibe ich vage optimistisch:

> **Ich glaube schon** ♥
> **Bis morgen. Und vergiss die Papageien-ohrringe nicht!**
> **Hugs, Justine**

Als ich zu Hause ankomme, steht meine Mutter in der Küche und holt einen nagelneuen Sandwichmaker aus der Verpackung.

»Schau mal, Justine-Kind. Ist das nicht genial? Man muss

gar nicht kochen können, um eine warme Mahlzeit zuzubereiten. Einfach nur ein belegtes Brot machen und grillen. Wollen wir das heute Abend ausprobieren?«

Typisch meine Mutter. Für jedes Problem findet sie eine Lösung – wenn auch oft eine recht eigenwillige.

Vielleicht bin ich ihr in dieser Hinsicht ähnlicher, als ich bisher dachte? Glücksbringerin zu spielen, indem ich Gedanken belausche und Schmucktipps gebe, könnte man durchaus ebenfalls als eigenwillig bezeichnen!

»Klar, klingt lecker«, erwidere ich und fange an, meinen Rucksack auszupacken. Die leere Bäckereitüte kommt in den Papiermüll, die Wasserflasche spüle ich aus, die Museumsbroschüre lege ich auf den Tisch, um sie später mit nach oben zu nehmen.

»Oh, dort wart ihr heute? Das ist ja großartig!«, kommentiert Mama sofort. »Habt ihr auch die Geschlechtsorgane besichtigt?«

War ja klar, dass sie sich vor allem für diese spezielle Körperregion interessiert.

»Klar, in der Gebärmutter standen lauter rote Plüschsofas, es gab Himbeersaft und Tomatensuppe«, improvisiere ich.

Ihr Unterkiefer klappt herunter.

»Ernsthaft?«

Ich nicke würdevoll, doch dann kann ich mich nicht länger beherrschen und pruste los. »Nein, natürlich nicht. Die Genital-Abteilung war wegen Umbau geschlossen«, behaupte ich, und damit gibt sich meine Mutter zum Glück zufrieden.

Tatsächlich habe ich nicht die geringste Ahnung. Darauf hab ich einfach nicht geachtet. Und falls es so was gab, habe ich es sofort wieder vergessen. Aber das wäre für meine Mutter definitiv schockierender gewesen als ein Café im Uterus-Design.

Später, als wir unsere gegrillten Käse-Schinken-Sandwiches vertilgen, erzählt meine Mutter, dass sie nächstes Wochenende mit ihren Kursteilnehmerinnen einen Zwei-Tages-Workshop in der Wildnis plant. Die Wildnis entpuppt sich als Mischwald in einem nahe gelegenen Mittelgebirge. Viel bedenklicher ist das, was sie bei diesem Workshop vorhaben – nämlich nackt wandern und Bäume umarmen. Ich kann nur hoffen, dass sie nicht wegen Erregung öffentlichen Ärgernisses verhaftet wird. Ich habe keine Lust, mich wenige Jahre vor meiner Volljährigkeit noch an Pflegeeltern zu gewöhnen und meine Mutter jedes zweite Wochenende im Knast zu besuchen.

»Alles okay bei dir? Du guckst so grimmig.«

Ich muss mir unbedingt angewöhnen, meine Mimik besser zu kontrollieren.

»Ja, alles bestens«, nuschele ich.

»Vielleicht willst du ja am Wochenende was mit Giulia unternehmen? Oder mit deinem Kenny!« Dabei macht sie ein so vielsagendes Gesicht, dass man fast meinen könnte, sie würde nur deshalb nackt wandern gehen, um mir Gelegenheit für eine Entjungferungsparty zu geben.

Oh Mann, kann die coolste aller Mütter nicht ein klein wenig spießiger sein? Manchmal zumindest.

»Lenny, nicht Kenny«, korrigiere ich sie.

Dass er keineswegs mehr »mein Lenny« ist und ich lieber das Wochenende einsam verbringen würde als mit ihm, erwähne ich nicht. Auf die Ratschläge, die meine Mutter zum Thema Liebeskummer in petto hat, verzichte ich lieber. Ich komme super allein klar.

Na ja, und mithilfe von Giulia. Und Joy. Und …

»Ich werde wohl was mit meinen Freundinnen unternehmen. Vielleicht machen wir eine Pyjamaparty«, lenke ich das Thema wieder in unverfänglicheres Fahrwasser.

»Ach übrigens – wann kommen die Girls denn zum Pole Dance vorbei?«, fällt meiner Mutter bei diesem Stichwort ein.

Bei ihr ist eben nichts so richtig unverfänglich.

»Ehrlich gesagt: gar nicht«, schwindele ich. »Sie fanden die Idee nicht so berauschend. Und ihre Eltern haben schwerste Bedenken. Schließlich wollen sie nicht, dass aus ihren Töchtern mal Stripperinnen werden.«

Im Stillen beglückwünsche ich mich zu dieser genialen Ausrede.

Meine Mutter schnaubt empört. »Was für Spießer!«

»Tja. Es können eben nicht alle so verständnisvoll sein wie du.«

Zum Glück kann sie meine Gedanken nicht lesen!

20

Die totale Verwirrung!

»Sie trägt sie. Die Papageienohrringe! Das muss ein Zeichen sein!«, dröhnt mir Cems Triumphgeheul in den Ohren, sobald er das Klassenzimmer betritt. Und er hört nicht auf damit – ich bekomme von der kompletten ersten Stunde nichts mit.

In der zweiten dämmert ihm dann, dass es jetzt an ihm ist, etwas aus diesem *Zeichen* zu machen. Aber was? Und wie?

Am liebsten würde ich ihn quer durch den Klassensaal anbrüllen: »Dann sprich sie doch einfach mal an!« Ich kann nur hoffen, er kommt von selbst auf diese glorreiche Idee.

»Du hast dich wohl geirrt, fürchte ich«, raunt mir Giulia zu. »Cem hat mich heute Morgen mal wieder total ignoriert. Wenn ich nur wüsste, wie ich das ändern könnte!«

Ernsthaft? Meine Freundin sollte dringend mal zum Augenarzt gehen. Sie kann doch nicht übersehen, wie er sie anhimmelt!

»Das glaube ich nicht – gib ihm eine Chance«, wispere ich zurück.

»Haben die beiden Damen noch eine Frage zu Sinus und Cosinus?«, fragt Herr Richard und durchbohrt uns dabei mit strengem Blick.

»Nein, nein«, beeilen wir uns zu versichern, und Herr Richard wendet sich wieder der Tafel zu. *Puh.* Dieser Mann versteht wirklich keinen Spaß! Beziehungsweise noch schlimmer: Er hält Mathematik für den größten und einzigen Spaß im Leben. Der muss ja ziemlich einsam sein.

Giulia schiebt mir einen Zettel zu: *Ich muss was unternehmen, sonst werd' ich noch verrückt*, steht darauf.

»Ich muss sie unbedingt ansprechen, sonst dreh ich noch durch«, seufzt Cem in meinem Kopf.

Ich muss den beiden dringend auf die Sprünge helfen, sonst bin ich diejenige, die bald wahnsinnig wird!

Hab 'ne Idee. Gleich, in der Pause, kritzele ich auf die Rückseite von Giulias Zettel und schiebe ihn zurück.

Cem ist noch keinen Schritt weiter: »Mir muss irgendwas einfallen. Ich brauche einen Grund, sie anzusprechen. Einfach so, aus dem Nichts heraus, das schaff ich einfach nicht.«

Oh Mann! Ich glaube, die müssten beide mal dringend ein paar Lektionen in Mamas Liebesschule lernen.

Endlich klingelt es, und alle packen ihre Sachen zusammen, um in Richtung Schulhof zu verschwinden.

»Nimm dein Französischbuch mit«, sage ich zu Giulia.

»Mein … was? Wieso denn das?«

»Tu so, als wolltest du dir noch mal die Grammatik anschauen. Dann siehst du zu, dass du im Flur irgendwie in Cems Nähe kommst. Und lässt es fallen. Aber so, dass es wie ein Versehen wirkt. Und dass er es sieht, natürlich!«

»Ähm – und weiter?«

»Nicht fragen. Einfach machen. Vertrau mir!«

Kopfschüttelnd starrt Giulia mich an, als hätte ich von ihr verlangt, Flickflack zu schlagen. Doch dann kramt sie ihr Lehrbuch aus der Tasche und marschiert davon.

Ich halte mich zurück und beobachte die Szene aus der Entfernung. Dabei komme ich mir vor wie eine Regisseurin, die mit ansehen muss, wie eine Schlüsselstelle ihres Stücks live uraufgeführt wird, und alles hängt davon ab, dass die Hauptdarsteller es nicht vermasseln.

Ganz schön nervenaufreibend. Dabei geht es ja nicht mal um mein eigenes Liebesglück.

Cem schaut sich unauffällig nach Giulia um, doch die kriegt mal wieder nichts davon mit. Unfassbar, dass sie sich nach wie vor einbildet, er würde sie ignorieren – dabei hat er nichts anderes im Kopf als sie!

Um ein Haar wäre alles schiefgelaufen, weil Giulia das Buch versehentlich zu früh aus der Hand gerutscht wäre, doch sie bekommt es noch gerade rechtzeitig zu fassen – nur um es wenige Sekunden später, als Cem direkt hinter ihr steht, wirklich fallen zu lassen.

Gekonnte schauspielerische Leistung. Respekt!

Okay, Cem, jetzt bist du dran. Wenn du diese Steilvorlage nicht nutzt, kann ich dir leider auch nicht mehr helfen.

Er begreift die Situation jedoch sofort und bückt sich. Etwas verlegen überreicht er Giulia das Französischbuch, und sie bedankt sich strahlend. Eine Weile stehen sie wortlos da, dann gibt sich Cem einen Ruck und beginnt ein Gespräch.

Na also! Geht doch!

Zufrieden mache ich mich auf den Weg nach draußen. Den Rest kriegen die beiden wohl hoffentlich allein hin …

Marta, Janne und die anderen warten schon an unserer Lieblingsstelle.

»Wo steckt denn Giulia?«, wundert sich Celine, als ich zu ihnen stoße.

»Ich schätze, die hat was Wichtiges zu erledigen«, sage ich und grinse geheimnisvoll. Mehr verrate ich nicht. Was da zwischen ihr und Cem läuft – falls inzwischen überhaupt schon etwas läuft –, soll Giulia schön selbst verkünden.

Stattdessen wechsele ich das Thema: »Ach, übrigens – habt ihr am Samstagabend Lust auf eine Pyjamaparty? Meine Mutter ist weg, ich hab sturmfrei.«

»Puh, an sich gern, aber ich muss schon bei meiner kleinen Schwester babysitten«, bedauert Celine. »Meine Eltern gehen ins Theater, und ich habe versprochen, auf Anouk aufzupassen.«

Auch Marta und Janne müssen absagen – beide fahren übers Wochenende mit ihren Familien weg.

Frieda muss erst ihre Eltern fragen. »Die sind leider ziemlich streng. Und wenn ich ihnen beichte, dass keine Erwachsenen zu Hause sind, werden sie es eher nicht erlauben.«

Auch Joy kann noch nicht fest zusagen. »Ich wäre wirklich gern dabei. Aber wir haben am Sonntag ein Basketballturnier, da muss ich definitiv ausgeschlafen sein. Vielleicht beginnt es ja erst nachmittags, dann ist das kein Problem. Ich muss mal auf dem Spielplan nachsehen, die Termine hab ich leider nicht im Kopf.«

»Ist ja auch ziemlich kurzfristig gewesen«, sage ich leichthin und versuche, mir meine Enttäuschung nicht anmerken zu lassen. Notfalls wird es eben eine Pyjamaparty zu dritt.

Oder, falls Joy tatsächlich nicht kann, zu zweit. Denn Giulia wird mir garantiert nicht absagen!

»Es-hat-geklappt-es-hat-geklappt-es-hat-geklappt«, jubelt Giulia mir zu, als wir uns im Klassenraum wiedersehen. Sie strahlt wie ein Maikäfer und umarmt mich spontan. »Das war ein super Tipp, mit dem Buch. Da wär ich ja nie drauf gekommen. Genial!«

Einer ihrer Papageienohrringe verhakt sich in meinen Haaren, und es ist gar nicht so leicht, unsere Köpfe wieder voneinander zu trennen.

»Jetzt steht sie schon auf Mädchen«, denkt Timm verächtlich, aber das ist mir egal. Soll er doch glauben, was er will.

Leider schaffen wir es vor lauter Ohrringbefreiung nicht mehr, die Details zu besprechen, bevor die nächste Stunde anfängt.

Erst in der zweiten großen Pause gibt Giulia mir ein schnelles Update: Cem hat ihr ein Kompliment wegen ihrer Ohrringe gemacht (»Der Wahnsinn, wie konntest du das ahnen?«), sie dann um ein Date gebeten (»Ein Date! Ein echtes Date!«), und anschließend haben die beiden sogar noch Handynummern getauscht (»Er hat so ein süßes WhatsApp-Profilbild, hach …«).

Das »echte Date« entpuppt sich allerdings als gemeinsames Lernen für den Geschichtstest morgen. Na ja – *sehr romantisch*.

»Aber es könnte romantisch werden!«, beharrt sie. »Immerhin sind wir dabei über STUNDEN allein im Zimmer, und dabei kann alles MÖGLICHE passieren.«

Ja, zum Beispiel, dass ihr kein bisschen lernt und beim Test gnadenlos untergeht, denke ich, aber ich verkneife mir den Kommentar. Aus eigener Erfahrung weiß ich ja, dass man in Giulias aktuellem Zustand absolut unzurechnungsfähig ist und nicht gerade offen für sachliche Argumente.

»Na, dann viel Glück!«, sage ich.

»Übrigens – das Ganze bleibt erst mal unter uns, okay? Den anderen erzähle ich erst davon, wenn Cem und ich offiziell zusammen sind.«

Ich fühle mich sehr geehrt, Giulias Vertraute zu sein, obwohl sie mit dem Rest der Clique doch schon viel länger befreundet ist. Natürlich gebe ich ihr mein Staatsanwältinnen-Ehrenwort.

»Heißt das nicht Indianerehrenwort?«, fragt sie irritiert.

»Hey, ich will Juristin werden, nicht Indianerin. Und das ist doch viel besser, denn alles, was du deiner Anwältin sagst, unterliegt sowieso der Schweigepflicht.«

Dass die Staatsanwältin die Seite der Anklage vertritt, nicht die der Verteidigung, erwähne ich lieber nicht. Das tut ja auch nichts zur Sache. Ich werde jedenfalls dichthalten.

Am Nachmittag pauke ich die Geschichtsdaten für den Test, was mich nicht besonders viel Zeit kostet, danach schreibe ich noch meine Interpretation eines Frühlingsgedichts von Clemens Brentano. Es ist nur acht Zeilen lang, aber irgendwie schaffe ich es, vier Heftseiten lang darüber zu schwafeln. Über Reimschema, Metrum, rhetorische Figuren, Symbolik, nicht zu vergessen die Aussage. Damit tue ich mich am schwersten. Was soll das Ganze überhaupt? Ich kann ja schlecht schreiben:»Die Jahreszeiten sind in unserer Klimazone sehr unterschiedlich, daher stellen sie die Menschen vor immer wieder neue Herausforderungen, haben aber auch jeweils ihren Reiz.« Klingt nicht gerade nach Lyrik, oder?

Dann bin ich auch damit fertig und packe meine Flöte aus. Kann ja nicht schaden, sich das Michael-Jackson-Medley noch mal anzuschauen. Frau Sonnenberg hat mir die Noten zum Üben mitgegeben.

Da fällt mir wieder die blöde Nachricht von Tabea ein, in der sie mir vorgeworfen hat, die Orchesternoten aus der Falkenburg widerrechtlich mitgenommen zu haben. Spontan lösche ich ihre Kontaktdaten aus meinem Handy. Und weil ich schon dabei bin, die von Lenny gleich mit.

Danach fühle ich mich irgendwie erleichtert und widme mich ganz entspannt dem Flötenspiel, über dem ich die Zeit völlig vergesse.

Ich hätte noch ewig weiterüben können, doch plötzlich schneit Giulia herein, und ich sehe ihr direkt an, dass sie vor Glück platzen würde, wenn sie mir nicht sofort brühwarm erzählen könnte, wie ihr Nachmittag mit Cem gelaufen ist.

Natürlich haben sie die Geschichtsbücher nur zum Vorwand aufgeschlagen. Statt zu lernen, haben sie den ganzen Nachmittag verquatscht und dabei festgestellt, dass sie in vielerlei Hinsicht ganz ähnlich ticken.

»Wir sind ABSOLUT auf einer Wellenlänge«, schwärmt Giulia, »als wären wir füreinander GEBOREN!«

Ich schwöre, sie spricht tatsächlich in Großbuchstaben.

»Cem ist so WAHNSINNIG süß und war die ganze Zeit einfach nur zu schüchtern, um mich anzusprechen, ist das nicht TOTAL irre?«

Ich nicke bloß, weil sie mich ohnehin nicht zu Wort kommen lässt und ich außerdem nicht sonderlich überrascht bin, denn das weiß ich ja alles schon längst.

»Ich bin ja so ÜBERGLÜCKLICH. Und weißt du was? Cem hat mich GEKÜSST, und das war das WUNDERVOLLSTE Gefühl ever.«

Ich erinnere mich an das wundervolle Gefühl, als Len und ich uns geküsst haben, und fühle mich sofort elend. Deshalb versuche ich, den Gedanken an ihn gleich wieder zu verjagen, was vielleicht auch geklappt hätte, wenn Giulia mich lassen würde. Aber nein, ausgerechnet jetzt fängt sie von ihm an:

»Übrigens hat Cem mir erzählt, wie unglücklich Lenny über eure Trennung ist.«

Bitte nicht!

»Können wir vielleicht das Thema wechseln? Erzähl mir lieber mehr von dir und Cem. Seid ihr jetzt fest zusammen?«

»Klar sind wir das. Aber ich könnte mich viel mehr darüber freuen, wenn du auch glücklich wärst.«

»Ich BIN glücklich!«

Jetzt fange ich auch schon an, in Großbuchstaben zu reden. Wie sonst soll ich Giulia davon überzeugen, dass ich keinen Lenny brauche, um rundum zufrieden zu sein?

»Er aber nicht.«

»Interessiert mich nicht.«

»Nun sei doch nicht so hart. Er fand die Wette doch selbst blöd, dich hingegen fand er super, und zwar vom ersten Tag an.«

Unfassbar! Versucht Len also tatsächlich, über Cem und Giulia wieder an mich heranzukommen? Der schreckt ja wirklich vor gar nichts zurück. Aber warum überhaupt? Was verspricht er sich davon? Ich bin total verwirrt.

»Das ist doch nur ein blöder Trick! Bestimmt hat er schon wieder eine neue Wette am Laufen, dass ich so dumm bin und ihm verzeihe.«

»Glaub ich nicht. Genauer gesagt: Cem glaubt das nicht. Der kennt Lenny nämlich ziemlich gut und vertraut ihm. Und ich vertraue Cem.«

Was mal wieder beweist, dass Liebe tatsächlich blind macht! Zum Glück bin ich – im Gegensatz zu Giulia – nicht infiziert und kann daher auch klar denken.

»Darauf falle ich nicht rein.«

»Ach, Justine, gib ihm doch noch mal eine Chance. Inzwischen sieht er wirklich ein, wie dämlich er war. Und wie dämlich die anderen Jungs aus Timms Clique sind. Du bist ihm wichtiger, als von solchen sogenannten Freunden anerkannt zu werden.«

Ach, und woher kommt diese Erkenntnis auf einmal? Niemand ändert seinen Charakter so plötzlich. Giulia will nur, dass ich nachgebe, damit wir in Zukunft Doppeldates machen können. Was theoretisch vielleicht auch ganz nett wäre, aber nicht unter diesen Voraussetzungen und schon gar nicht um jeden Preis!

»Das müsste er mir schon beweisen«, sage ich. Und das wird nie passieren.

»Ach, übrigens«, wechsele ich schnell das Thema, »am Wochenende ist meine Mutter nicht da, und ich veranstalte eine Pyjamaparty. Wahrscheinlich in ganz kleinem Kreis, das wird total gemütlich. Du kommst doch?!«

Giulia rutscht unbehaglich auf meinem Sitzsack hin und her. Oh nein! Sie darf jetzt nicht auch noch absagen!

»Von Freitag auf Samstag könnte ich, aber …«

»Ähm, nein, das wäre von Samstag auf Sonntag«, erwidere ich. »Sag nicht, da kannst du nicht.«

»Bis vorhin hätte ich noch Zeit gehabt. Aber inzwischen hat mich Cem eingeladen, mit ihm tanzen zu gehen. Kannst du dir das vorstellen? Ein Junge, der gerne tanzt. Freiwillig. Und auch noch gut! Das ist ja wie ein Sechser im Lotto mit Zusatzzahl.«

Momentan komme *ich* mir eher vor wie eine Zusatzzahl. Eine ziemlich überflüssige Zusatzzahl …

»Aber ich könnte ihm natürlich absagen, wenn du allein zu Hause Angst hast. Oder du übernachtest einfach bei uns, meine Eltern haben bestimmt nichts dagegen.«

Das wäre ja noch schöner! Ich bin doch kein Kleinkind, das einen Babysitter braucht.

»Nö, geh du nur mit Cem tanzen, ich komm schon klar«, sage ich mit gespielter Fröhlichkeit.

»Du bist ein Schatz!«, strahlt sie und fällt mir – zum zweiten Mal für heute – um den Hals.

Na, immerhin eine von uns beiden ist happy.

21

Denk nicht mal dran!

Liebe macht nicht nur blind und unzurechnungsfähig, sondern ist auch Gift für Freundschaften, wie ich leider feststellen muss. Gerade mal seit zwei Tagen sind Giulia und Cem jetzt ein Paar, und schon behauptet sie, ich sei eifersüchtig. Darf man nicht mal eine mürrische Miene ziehen, ohne dass einem gleich Neid und Missgunst unterstellt werden?

»Du spinnst ja wohl! Ich will deinen Cem doch gar nicht.«

»Ich mein ja nicht, dass du auf *mich* eifersüchtig bist, sondern auf Cem. Weil ich jetzt mehr Zeit mit ihm verbringe. Aber das musst du doch verstehen, als du mit Lenny zusammen warst, ging es mir ja genauso.«

Wo-hooo, mal langsam! Ich hör ja wohl nicht richtig! Das ist doch völliger Humbug.

»Komm mal wieder runter. Ich gönn dir deine rosarote Phase, genieße sie. Und glaub mir, ich komme auch sehr gut allein klar. Am Samstagabend werde ich einfach lesen, ein bisschen Musik hören, Sushi bestellen, vielleicht auch netflixen …«

Es soll da eine ganz neue Anwaltsserie geben, die muss ich unbedingt sehen!

»Aha! Jetzt hast du dich verraten. Es geht also um kommendes Wochenende. Tut mir echt leid, dass das mit der Pyjamaparty nicht klappt, aber schließlich bin ich nicht die Einzige, die absagen musste.«

»Es geht um gar nichts! Du hast doch mit dem ganzen Unsinn angefangen.«

»Aber du hast es bestätigt.«

Ich habe *was genau* bestätigt? Irgendwie fühle ich mich gerade ziemlich in die Ecke gedrängt – ganz und gar nicht wie eine Staatsanwältin, die mit Logik und Argumenten überzeugt. Gegen Giulias völlig verdrehte Beweisführung kommt man mit Logik leider überhaupt nicht an. Sie glaubt eben, was sie glauben will.

»Was kann ich denn dafür, dass du Lenny nicht noch eine Chance geben willst? Klar bist du down. Das wäre ich auch, wenn ich Liebeskummer hätte. Aber das solltest du nicht an mir auslassen, nur weil ich mit Cem glücklich bin.«

Ich starre meine Freundin an – in der Hoffnung, sie prustet gleich los und versichert mir lachend, dass sie mich bloß auf den Arm nehmen wollte. Doch nein, sie funkelt mich nur an. Dann zuckt sie mit den Schultern, als wäre ich ein hoffnungsloser Fall, und wendet sich einfach wieder ihrem Vokabelheft zu. Man könnte fast glauben, es wäre nichts geschehen.

»Zickenalarm«, kommt es aus Timms Ecke.

Ich schenke dem keine Beachtung, genauso wenig wie den anderen Gedankenfetzen, die durch den Klassenraum wabern. Inzwischen habe ich es ganz gut drauf, mich davon nicht mehr verrückt machen zu lassen, sondern mir gezielt die Gedanken rauszupicken, die mich interessieren, und so was wie Timms blöden Kommentar als Störgeräusch abzutun.

Was ich leider nicht einfach so ignorieren kann, ist die angespannte Stimmung zwischen Giulia und mir. Das war wohl gerade unser erster Streit.

Gegen Streit an sich ist eigentlich nichts einzuwenden. Manchmal hat man eben Meinungsverschiedenheiten. Man kann sich ja wieder versöhnen. Aber ich weiß noch nicht mal, worüber wir uns gerade gezofft haben! Giulia hat sich da in was reingesteigert. Bildet sie sich wirklich ein, ich hätte noch Liebeskummer? Das stimmt doch gar nicht. *Großes Missverständnis!* Was die Liebe betrifft, bin ich vorerst geheilt. Gefühle sind dermaßen überflüssig … Sie lenken nur ab von allem, was wirklich wichtig ist im Leben. Ziele zu haben, beispielsweise.

Aber warum fühle ich mich dann so mies?

Schon in der nächsten Pause entschuldigt sich Giulia bei mir, und um des lieben Friedens willen bitte auch ich sie um Verzeihung, obwohl ich eigentlich gar nicht weiß, wofür.

Trotzdem bleibt ein ungutes Gefühl bei mir zurück. So als hätte unsere Freundschaft einen Knacks bekommen.

Am Donnerstag fehlt Cem bei der Orchesterprobe. Offiziell hat er einen Arzttermin, doch ich weiß es besser: Natürlich verbringt er den Nachmittag lieber mit Giulia. Dafür ist Lenny da und bohrt mir vom Schlagwerk aus mit seinen Blicken Löcher in den Rücken. Jedenfalls fühlt es sich so an.

In der Pause will er zu mir rüberkommen, aber ich flüchte mich auf die Mädchentoilette und kehre erst zurück, als die Probe weitergeht.

Obwohl ich so viel geübt habe, komme ich diesmal mit dem Stück schlechter zurecht als beim letzten Mal. Dauernd verspiele ich mich, verpasse den Einsatz oder produziere schiefe Töne. So was ist mir schon ewig nicht mehr passiert!

Natürlich gibt es dafür nur eine Erklärung: Len. Er verunsichert mich mit seiner bloßen Anwesenheit. Vor allem die Tatsache, dass er mich sieht, ich ihn aber nicht, macht mich nervös. Zum ersten Mal verfluche ich die typische Sitzordnung im Orchester. Daran, dass das Schlagwerk ganz hinten steht, ist nun mal nichts zu ändern.

Woran allerdings durchaus etwas zu ändern wäre, ist meine blöde Reaktion auf Lenny. Die ist nämlich vollkommen unangemessen. Schließlich ist er mir total egal!

Das kommt alles nur von Giulias Gerede. Sie kann sehr überzeugend sein. Vermutlich hat sie mein Unterbewusstsein beeinflusst, und das glaubt nun selbst daran, dass ich noch nicht ganz über Lenny hinweg bin.

Bin ich aber!

Huch, was hab ich denn jetzt schon wieder für einen schrillen Misston erzeugt? Frau Sonnenberg schaut schon ganz irritiert zu mir herüber. Am besten, ich halte mich heute ein bisschen zurück.

Seltsamerweise passiert am nächsten Abend quasi dasselbe in Grün – nur ohne Flöte und ohne Lenny.

Wir sind beim Rope Skipping. Endlich kann ich mich wieder einigermaßen bewegen, ohne dass der gewaltige Muskelkater mich quält. Blöd nur, dass ich jetzt schon weiß, wie es mir morgen ergehen wird. Garantiert kein Stück besser als letztes Mal. Warum tu ich mir das eigentlich an? Na ja, die Antwort liegt auf der Hand: weil es einen Riesenspaß macht! Endlich kann ich mich mal wieder so richtig auspowern, und das Ganze noch zu cooler Musik von Bruno Mars.

Bei der komplizierten Choreografie komme ich überraschend gut mit. Dabei hilft mir mal wieder mein gutes Gedächtnis. Noch praktischer wäre allerdings ein Gedächtnis, das auf Knopfdruck vergisst, woran man sich nicht mehr erinnern möchte!

In der Trinkpause gesteht mir Joy, dass das Basketballturnier leider schon am Sonntagmorgen beginnt und sie mir daher für die Pyjamaparty absagen muss.

»Tut mir wahnsinnig leid, ich wäre echt gern gekommen«, sagt sie mit ehrlichem Bedauern. »Aber unsere Trainerin versteht keinen Spaß, wenn wir nicht hundertprozentig fit sind.«

»Klar, da kannte meine Hockeytrainerin auch kein Pardon«, erwidere ich.

»Ich bin froh, dass du das verstehst!« Joy klingt erleichtert. Was hat sie denn erwartet? Etwa, dass ich einen Heulkrampf kriege, nur weil damit jetzt auch mein letzter Gast ausfällt?

»Dann verschieben wir das Ganze eben«, sage ich und nehme einen großen Schluck Wasser.

Ich gebe mir wirklich Mühe, mir meine Enttäuschung nicht anmerken zu lassen. Doch meine Laune ist am Boden. Die Aussicht darauf, den Samstagabend mutterseelenallein zu verbringen, während alle anderen sich in guter Gesellschaft prächtig amüsieren, zieht mich ganz schön runter. Und genau wie gestern in der Orchesterprobe mache ich einen Fehler nach dem anderen, als es weitergeht.

Da wird mir klar: Lenny ist ebenso wenig schuld daran, dass ich gestern so viel vermasselt habe, wie Joy jetzt.

Das liegt einzig und allein an mir!

Na, großartig. Diese Erkenntnis baut mich nicht gerade auf!

Am Samstag schlafe ich, so lange ich kann. Dass meine Mutter kurz hereinschaut und sich verabschiedet, kriege ich nur halb mit, bevor ich sofort wieder wegdämmere.

Als ich aufwache, ist es schon Mittag. Ich brate mir einen Berg Spiegeleier und löffele Schokocreme direkt aus dem Glas. *Sturmfreie Bude light.* Wenn schon keine Party stattfindet ...

Auf Flötespielen habe ich keine Lust, also lese ich ein bisschen, doch irgendwie fesselt mich meine Lektüre heute überhaupt nicht. Ich gehe erst mal eine Runde joggen – diesmal wieder die Strecke durch das Gewerbegebiet, nicht durch den Park, um einer gewissen Person nicht zu begegnen – und dusche dann ausgiebig. Inzwischen ist es später Nachmittag, und ich will es mir gerade vor dem Fernseher gemütlich machen, als mein Handy in der Hosentasche vibriert.

»Ciao, Justine. Du, ich hab mir überlegt, dass es ja voll fies ist, dich heute im Stich zu lassen. Cem und ich gehen ein andermal tanzen, und ich komme stattdessen bei dir vorbei. Okay?«

Oh, das ist ja wirklich süß von Giulia!

»Nicht meine Idee«, kommentiert eine mürrische Stimme, die eindeutig tiefer ist als die meiner Freundin.

»Ist Cem bei dir?«, frage ich, statt mich zu bedanken. Giulia muss mich ja für ganz schön durchgeknallt halten.

Doch sie ist zu verblüfft, um meine Unhöflichkeit überhaupt zu registrieren. »Ja, ist er – woher weißt du das?«

Lieber Himmel, kann ich jetzt also auch schon durchs Telefon Gedanken hören? Das wird ja immer verrückter!

»War nur so ein Gefühl«, weiche ich aus. »Und, Giulia, das ist echt wahnsinnig lieb von dir, aber ich komme wirklich gut klar. Geh du lieber mit Cem aus, du freust dich doch drauf.«

»Ja, schon«, gibt sie zu.

»Na, dann ist doch alles geklärt. Wir sehen uns am Montag. Viel Spaß! Und Grüße an Cem.«

»Danke, bis Montag!«, antwortet Giulia und klingt erleichtert.

»Puh, Glück gehabt!«, denkt Cem, und dann noch etwas auf Türkisch, aber da ich das sowieso nicht verstehe, lege ich auf.

Hm. Das muss ich jetzt erst mal verdauen.

Nicht die Tatsache, dass Giulia mir zuliebe auf ein Date verzichtet hätte – das finde ich einfach großartig und lässt das Gefühl, unsere Freundschaft wäre angeknackst, mit einem Mal verschwinden.

Nein, eher das mit dem Gedankenhören durchs Handy. *Das ist doch nicht normal!*

Na gut, dass ich *überhaupt* wahrnehme, was den Jungs durch ihre Köpfe geht, ist nicht normal. Das muss aufhören!

Spontan stehe ich auf und durchforste das DVD-Regal meiner Mutter. Egal, wie blöd dieser dämliche Film auch sein mag, ich muss ihn mir noch einmal anschauen. Jetzt, da mir im Grunde dasselbe passiert ist wie diesem Macho in *Was*

Frauen wollen, kann ich vielleicht was draus lernen. Oder zumindest erfahren, wie man diese Fähigkeit wieder loswird.

Kaum habe ich den Film gestartet, läutet es an der Haustür, und ich drücke schnell auf Pause. Ich bin zwar kein Angsthase, aber auch nicht leichtsinnig, deshalb peile ich, wenn ich allein daheim bin, die Lage immer erst vom Badfenster aus, bevor ich aufmache.

Zum Glück!

Denn draußen steht kein Geringerer als Lenny.

Na, der hat ja Nerven, hier einfach aufzukreuzen!

Ich verhalte mich ganz ruhig, damit er nicht merkt, dass jemand zu Hause ist. Er klingelt noch zwei Mal, dann gibt er auf. Zumindest auf diesem Weg, denn gleich darauf brummt mein Handy. Ich ignoriere es, ohne mit der Wimper zu zucken, und irgendwann kapituliert er.

Ich bin froh darüber.

Und gleichzeitig irgendwie niedergeschlagen. Was völlig unangemessen ist. Deshalb konzentriere ich mich lieber auf den Film, der mich zwar immer noch nicht begeistert, den ich aber immerhin nicht mehr ganz so bescheuert finde wie beim ersten Mal. Jedenfalls kommt mir die Handlung jetzt mehr oder weniger realistisch vor. Allerdings bringt mich das Happy End nicht wirklich weiter. Der Held bekommt einen zweiten Stromschlag und verliert dadurch seine Fähigkeit wieder. Nicht gerade nachahmenswert. Außerdem bittet er seine Angebetete um Entschuldigung, und sie verzeiht ihm. Was ja auf meine Situation rein gar nicht passt. Im Gegenteil.

Mit dem wenig Mut machenden Gedanken, die Stimmen

in meinem Kopf wohl nie mehr loszuwerden, gehe ich früh
ins Bett.

Nachdem ich fast das komplette Wochenende verpennt
habe, ist es kein Wunder, dass ich in der Nacht auf Montag
so gut wie kein Auge zukriege. Was allerdings zum Teil auch
daran liegt, dass mir Lenny einfach nicht aus dem Kopf gehen will.

Was, wenn Cem und Giulia doch recht haben? Wenn er
mich wirklich vermisst und es ihm aufrichtig leidtut? Warum sollte er sonst so hartnäckig sein? Wieso hätte er bei mir
zu Hause aufkreuzen sollen, wenn es ihm nicht extrem wichtig wäre?

Die halbe Nacht liege ich wach und grübele. Vielleicht ver-
misse ich ihn ja doch. *Zumindest ein bisschen.* Aber ich kann
einfach nicht vergessen, was er getan hat. Das mit der Wette
ist unverzeihlich! Dadurch komme ich mir benutzt und irgendwie schmutzig vor, obwohl ich nichts Schlechtes getan
habe. Ein fieses Gefühl! Es wird schon wieder heller vor dem
Fenster, als ich endlich in einen unruhigen Schlaf falle.

Bin ich etwa zu spät? Alle sitzen schon mucksmäuschenstill
auf ihren Plätzen, als ich den Klassensaal betrete – und das,
obwohl noch kein Lehrer da ist.

Seltsam.

Da sehe ich ihn: den riesengroßen Blumenstrauß auf meinem Platz. Rote Rosen!

Und daneben steht Lenny. Der sich räuspert.

Lieber Himmel, was soll denn das werden?

»Super, er zieht das wirklich durch«, freut sich Cem im Stillen.

»Justine, ich muss dir was sagen«, beginnt Len mit leicht zittriger Stimme.

»Der hat die Hosen voll«, amüsiert sich Ole. Ich höre ihn deutlich, aber nicht besonders laut. Eher wie durch Watte.

»Ich war ein Riesenidiot!«, fährt Lenny fort und bringt mich damit gegen meinen Willen zum Lächeln.

»Die Wahrheit ist, dass ich mich auf den ersten Blick in dich verliebt habe. Aber das war mir peinlich vor den anderen Jungs. Sie hätten sich bloß über meine Gefühle lustig gemacht, und dann hätte ich mich niemals getraut, dich anzusprechen. War so schon schwierig genug.«

Oh ja, ich erinnere mich an das Rumgedrucke in der Bibliothek. Aber was will er mir damit eigentlich sagen?

»Als diese Schnapsidee mit der Wette aufkam, fand ich sie einerseits richtig bescheuert. Um so etwas wettet man doch nicht! Andererseits bot sie mir die perfekte Tarnung, dich anzubaggern, ohne dass meine Freunde mich durchschauen und damit aufziehen. Inzwischen ist mir klar geworden, dass echte Freunde das nie tun würden.«

»Verräter«, knurrt Timm kaum noch vernehmbar.

»Glaub mir, Justine, ich würde alles tun, um die Sache ungeschehen zu machen und wieder mit dir zusammen zu sein. Denn du bist das tollste Mädchen der Welt.«

Ähm. Nur noch mal zum Mitschreiben: Hat Lenny sich gerade formvollendet und vor der ganzen Klasse bei mir entschuldigt und mir eine Liebeserklärung gemacht?

Ist ja nicht zu fassen!

Wie kitschig! Nein, ich korrigiere mich: wie romantisch …

Mein Herz pocht lauter und schneller denn je, und ich muss alles revidieren, was ich in den letzten Tagen über die Liebe gedacht und gesagt habe. Sie ist kein Hirngespinst. Und auch nicht überflüssig. Sondern das wunderbarste Gefühl der Welt!

Plötzlich wird mir klar, dass nicht nur Lenny mich erwartungsvoll anschaut, sondern die ganze Klasse. Alle scheinen vor Spannung die Luft angehalten zu haben.

Ich muss etwas erwidern!

Aber ich bringe einfach kein Wort hervor.

Okay, dann antworte ich eben nonverbal.

Ich mache einen Schritt auf Lenny zu – und küsse ihn. Er küsst mich zurück. Alle klatschen und johlen, und es ist mir völlig gleichgültig, dass sie uns zuschauen. Es fühlt sich an, als wären wir in einer anderen Welt, Lenny und ich, wie unter Wasser, denn es ist so … still.

Natürlich nicht wirklich still, im Gegenteil, der Applaus tost um uns herum, aber etwas anderes ist nicht mehr zu hören: Die Gedanken sind endgültig verstummt.

»Bedeutet dieser Kuss, dass wir jetzt wieder zusammen sind?«, fragt Lenny, als unsere Lippen sich voneinander lösen.

»Sieht so aus«, sage ich und lächele. »Aber sollte je wieder jemand vorschlagen, um mich zu wetten: Denk nicht mal dran!«